Ch. ABBADIE, B. CHOVELON et M. H. MORSEL

Professeurs au Centre Universitaire d'Etudes Françaises

Université des Langues et Lettres de Grenoble

L'EXPRESSION FRANÇAISE

écrite et orale

Exercices Structuraux pour Etudiants Etrangers

de niveau avancé

PRESSES UNIVERSITAIRES DE GRENOBLE

2ème édition revue et augmentée

1976

PRÉFACE

Ce livre d'exercices, né de la pratique est destiné à la pratique. Il ne prétend pas se substituer aux manuels théoriques de grammaire, mais il prendra tout naturellement sa place dans l'éventail des ouvrages traitant du français comme langue étrangère. Il s'adresse à des étudiants dont les bases sont déjà fixées, soit par les méthodes traditionnelles, soit par les méthodes audio-orales ou audio-visuelles. Son grand mérite est d'être vivant, et de présenter des exemples immédiatement applicables de syntaxe ou de vocabulaire, qui n'apparaîtront pas comme une collection de savantes citations. Les auteurs ont eu le souci constant de se référer à des niveaux de langue différents, afin d'éviter qu'il y ait ici la vie, et là le livre.

Enfin l'application prend le pas sur l'explication ; la présence du professeur est ainsi rendue nécessaire — on l'avait un peu oublié, ces dernières années —, mais son travail de préparation s'en trouvera considérablement allégé.

Il est souhaitable que cet exemple, peut-être trop modeste, d'une recherche appliquée qui refuse la routine, reçoive un accueil au moins curieux et attentif de tous ceux qui ont pour mission d'étendre et d'améliorer l'enseignement du français dans le monde.

René Bourgeois.
Professeur de Littérature Française
Vice-président de l'Université
de Langues et Lettres de Grenoble

AVERTISSEMENT

Notre expérience de l'enseignement du français aux étudiants étrangers dans le cadre de l'université de Grenoble, nous a conduits à remarquer la difficulté de trouver un manuel adapté à l'étude pratique de notre langue pour des étrangers de *niveau supérieur*. En effet, s'il existe un grand nombre d'ouvrages scolaires, ils s'adressent aux élèves français qui ne rencontrent pas le même genre de problèmes ; il existe également des manuels et des méthodes audio-visuelles destinés aux étrangers, mais ils concernent essentiellement les débutants et ne répondent pas aux difficultés que soulève une étude plus approfondie de notre langue.

C'est pourquoi il nous a paru utile de proposer cet ouvrage à la catégorie d'élèves qui, ayant dépassé les premiers degrés de l'enseignement du français, connaissent des difficultés à s'exprimer aux divers niveaux de langue et désirent améliorer la pratique de leur expression écrite aussi bien qu'orale.

Conçu dans un souci d'assimilation rapide et efficace des structures modernes de notre langue, il a pour but d'offrir un point de départ pratique pour résoudre les problèmes de langage spécifiques aux étrangers. Les professeurs y trouveront, en outre, matière à d'autres études de vocabulaire, de syntaxe et de structures du français moderne.

Chaque leçon propose un bref résumé, présenté le plus souvent sous forme de tableau synoptique, de différentes ressources du français dans l'expression de la pensée, qu'il s'agisse de nuances logiques (cause — but — opposition etc.) ou encore de modalités temporelles et verbales (par exemple les diverses manières d'aborder le passé, le présent, l'avenir, le réel, l'imaginaire, etc.).

Nous nous sommes efforcés, dans chaque cas, d'offrir à l'étudiant un certain nombre de locutions modernes, allant du langage parlé — voire familier — jusqu'à un style littéraire plus soigné. Nous n'avons pas hésité à signaler parfois des gallicismes courants ou même des tournures argotiques consacrées par l'usage quotidien.

Nous avons cru qu'il était bon d'éviter de surcharger nos explications d'une analyse logique et grammaticale trop traditionnelle ; c'est pourquoi on ne trouvera pas ici la nomenclature et le vocabulaire habituels aux grammairiens qui, le plus souvent, rendent compliquée et rebutante l'étude du français à l'étranger.

Ce recueil d'exercices structuraux, qui se veut modeste, sera prochainement complété par un manuel d'exercices pratiques de vocabulaire et de style, accompagnés de bandes magnétiques, tout particulièrement destiné aux professeurs enseignant la langue française à l'étranger.

Nous serions reconnaissants à tous ceux qui utiliseront ce manuel, de bien vouloir nous faire part de leurs critiques et de leurs suggestions qui nous permettraient de l'améliorer et de le compléter.

Grenoble, Mai 1974

LISTE DES ABRÉVIATIONS

Adj.	adjectif
c.o.d.	complément d'objet direct
c.o.ind.	complément d'objet indirect
cpt	complément
ex.	exemple
fam.	familier
l. parlé	langage parlé
lit.	littéraire
n.	nom
p.p.	participe passé
s.e.	sous entendu
v	verbe

BIBLIOGRAPHIE

Ageorges (J.) et Anscombre (J.) — *Grammaire et conjugaison*, M.D.I.

Anscombre (J.) — *La grammaire en 18 leçons*, M.D.I.

Berthou (A.), Grémaux (S.) et Voegele (M.) — *Grammaire, conjugaison, orthographe*, Belin.

Blois et Bar — *Notre langue française, Grammaire*, Paris, Didier, (1968).

Boisseau et Mireau — *Grammaire structurale n° 0*. Magnard.

Bonnard (H.) — *Grammaire française des lycées et collèges*, S.U.D.E.L.

Borcelle-Laleuf et Roché — *Grammaire française*, Licet.

Borcelle-Laleuf et Roché — *Grammaire française, Corrigé*, Licet.

Boy (M.) — *Formes structurales du français* (Hachette, Larousse, 1971).

Brault (M.) et Charpentier (W.) — *Grammaire*, (Scolavox).

Charlier (S.) et Brasier (H.) — *Grammaire structurale et expression*, (Armand Colin).

Chevalier (J.C.), Blanche-Benveniste (C.), Arrivé (H.) et Peytard (J.) — *Grammaire Larousse du français contemporain*, (Larousse).

Corbaux (M.) — *Grammaire et orthographe* (Ligel).

Delotte et Villars — *Grammaire française* (Hatier).

Delotte et Villars — *Grammaire française du cycle d'observation. Exercices*, (Delotte et Villars).

Delpierre et Furcy — *Grammaire pour écrire et parler*, (Nathan).

Denève et Renaud — *Grammaire (la), l'orthographe et le vocabulaire*, (Nathan).

Denève et Renaud — *Grammaire (la), l'orthographe et le vocabulaire. Livre du Maître*, Nathan.

Dubois (J.) — *Grammaire structurale du français* : Tome 1 : *nom et pronom*. Tome 2 : *la phrase et les transformations*. Tome 3 : *le verbe*, Paris, Larousse, 1967.

Dubois (J.) et Lagane (R.) — *La nouvelle grammaire du français*, Paris, Larousse, 1973.

Dubois (J.) et Jouannon (G.) — *Grammaire et exercices de français de la 6ème à la 3ème*, Paris, Larousse.

Dugenne (P.) — *Grammaire et orthographe*, Ligel.

Dutertre (R.) — *Grammaire française et exercices*, Roudil.

Dutertre (R.) — *Grammaire (la) française par l'exemple*, Roudil.

Dutreuilh et Hartmann — *Grammaire française*, l'Ecole.

Gabet — *Grammaire française par l'image*, C.M. Hachette.

Galliot-Laubreaux — *Le français, langue vivante. Grammaire complète*, (Paris, Prévat, 1966).

Galichet (G.) — *Grammaire structurale du français moderne*, (Paris, Editions H.M.H. 1970).

Galichet (G.) — *Grammaire expliquée de la langue française* (Armand Colin).

Galichet (G. et R.) — *Grammaire structurale et entraînement à l'expression 6ème et 5ème*, (Paris, Charles-Lavauzelle, 1972).

Galichet (G. et R.) — *Grammaire française expliquée*, (Paris, Charles-Lavauzelle).

Galichet (G. et R.) — *Grammaire structurale*, (Paris, Charles-Lavauzelle).

Galichet (G. et R.) et Chatelain (L.) — *Grammaire française expliquée*, (Paris, Charles-Lavauzelle).

Galichet (G.) et Leriche (G.) — *Guide panoramique de la grammaire française* (Paris, Charles-Lavauzelle, 1963).

Galichet (G.) et Mondonaud (G.) — *Grammaire française expliquée*, (Paris, Charles-Lavauzelle).

Galizot, Dumas et Capet — *Grammaire fonctionnelle de la langue française*, Nathan

Galizot, Dumas et Capet — *Grammaire fonctionnelle de la langue française. Fichier du maître*, Nathan.

Garagnon — *Grammaire*, Hachette.

Genouvrier (E.) et Grumez (D.) — *Grammaire nouvelle*, Larousse.

Geslin (L.) — *Grammaire (la) française*, J. de Gigord.

Grammont et Hamon — *Grammaire française*, Hachette.

Grandsire — *Grammaire relationnelle*, l'Ecole.

Grandsire — *Grammaire relationnelle. Livre du maître*, l'Ecole.

Grandsire — *Grammaire relationnelle. Commentaires*, l'Ecole.

Grenthe (Y.) et Parzysz (B.) — *Grammaire des formes. Livre théorique.* O.C.D.L.

Grenthe (Y.) et Parzysz (B.) — *Grammaire des formes. Fiches de travail.* O.C.D.L.

Grévisse (M.) – *Le bon usage, grammaire française,* 10ème éd, (Paris, Duculot, Gembloux, Hatier, 1973).

Grévisse (M.) – *Précis de Grammaire française,* (Paris) (Duculot, Gembloux, 1969).

Gross (M.) – *Grammaire transformationnelle du français,* Larousse.

Hamon – *Grammaire française,* (Paris, Hachette, 1964).

Hamon – *Grammaire française et exercices,* Hachette.

Lagane (R.), Dubois (J.) et Jouannon (G.) – *Grammaire française,* Larousse.

Le Baut (L.) – *Grammaire de base,* M. Didier.

Legrand – *Grammaire pour l'expression. Travaux pratiques,* Nathan.

Legrand – *Grammaire pour l'expression,* Nathan.

Legrand (L.), Satre (E.) et Richard (E.) – *Grammaire pour l'expression,* Nathan.

Le Lay, Hinard et Idray – *Grammaire dans le cycle d'observation,* Magnard.

Malzac (J.) – *Grammaire nouvelle.* Tome I : les fonctions fondamentales. Tome II : la phrase complexe, les propositions, Gamma.

Martin (J.) et Lecomte (J.) – *Grammaire française,* Masson, 1962.

Martin (J.), Lecomte (J.) et Boyon (M.) – *Grammaire française, Exercices,* Masson.

Obadia, Dascotte et Rausch – *Grammaire,* Hachette.

Picard (M.) et Foex (G.) – *Grammaire,* Armand Colin.

Rat (M.) – *Grammaire française pour tous,* Garnier.

Réquédat (F.) – *Les exercices structuraux.* Collection "Le français dans le monde" B.E.L.C. Hachette, Larousse, 1972.

Réunion de professeurs – *Grammaire,* Ligel.

Rigault – *Grammaire (la) du français parlé,* Hachette.

Rougerie (A.) – *Grammaire française et exercices,* Dunod.

Rougerie et Glatigny (M.) – *Grammaire française et exercices,* Dunod.

Sève et Perrot – *Ortho vert, Dictionnaire orthographique,* Nice, Ed. Germain Boyer, 1950.

Souché – *La grammaire et le français,* Nathan.

Souché et Grunenwald – *Grammaire, cycle d'orientation,* 4ème et 5ème,

Souché et Grunenwald – *Cours complet de grammaire française,* Nathan 1966.

Souché et Grunenwald – *Grammaire française et exercices,* Nathan.

Souché et Lamaison – *Grammaire nouvelle et française,* Nathan.

Juredieu, Pateaux et Chenevoy — *Grammaire,* Magnard.

Vaillot (R.) et Maître (R.) — *Grammaire fonctionnelle,* Belin.

Villars (G.), Marchand (J.) et Vionnette (G.) — *Grammaire,* Hatier.

Villard (G. et S.) — *Grammaire,* Masson.

Wagner (E.) — *De la langue parlée à la langue littéraire.* Col. le français dans le monde, B.E.L.C., Hachette, Larousse.

Wagner et Pinchon — *Grammaire du français classique et moderne.* Hachette.

PLAN GÉNÉRAL

13

TROISIEME PARTIE

STRUCTURE DE LA PHRASE FRANÇAISE

I – **Phrase simple** : langage parlé ou écrit courant.

1) Groupe nominal seul. Ex : Arrivée du Tour de France
2) Groupe verbal seul. Ex : Viens. Partons vite. Ne pas fumer.
3) Groupe nominal + groupe verbal. Ex : Le train arrive. Je parle. Il pleut. Il est arrivé un malheur.
4) Groupe nominal + Groupe verbal + Compléments.

   a) Elle écrit *une lettre* (c.o.d.)
   b) Elle pense *à sa mère* (c.o.ind.)
   c) Compléments de circonstance.
   Ex : Nous allons *à Paris.* Il est resté *chez lui* (lieu).
   Il se lève *à 7 heures* (temps). L'étudiant travaille *avec courage* (manière). Je meurs *de faim* (cause). Ils combattent *pour la justice* (but).
5) Groupe nominal + Groupe verbal + Attribut.
   Ex : Tu as l'air *triste* (adj.). Vous semblez *fatiguée* (p.p.)
   Il sera *médecin* (nom). Qui est là ? C'est *moi* (pronom).
   Vivre, c'est *lutter* (infin.).

II – **Phrase complexe** :

Elle appartient surtout au langage écrit et littéraire.
Ex :

"ces hautes montagnes avec leurs bois de pins et de mélèzes, ces petits chalets qui se ressemblent tous, ces cimes couvertes de neige surgissant de la brume dans un ciel hivernal,	rappelaient	→ souvent
		→ à Pierre
		→ ces images de la Suisse,
		  → dont il avait parfois rêvé,
		  → quand il faisait ses études".

Groupe nominal complexe		**Groupe verbal complexe**

soit, dans cet exemple :

Groupe nominal complexe			Groupe verbal complexe
articles, adjectifs, participes présents et passés, propositions relatives, compléments de nom etc.	} nom + déterminants	verbe + {	complément d'objet direct complément d'objet indirect + propositions relatives et circonst.

Exercices

I. A partir de ces titres de journaux, rédigez des phrases complètes

1) Vol d'une camionnette au Marché de Gros.
2) Récente création d'un nouveau département en Corse.
3) Relèvement du taux du SMIC de 6 % en juillet.
4) Accroissement de la tension à Amsterdam.
5) Rebondissement de l'enquête sur le meurtre de la quinquagénaire de Versailles.
6) Collision entre deux poids lourds : deux morts et un blessé grave.
7) Reddition des mutins.
8) Mutation imminente du préfet du Rhône.
9) Arrestation de deux voleurs à la roulotte.
10) Proclamation de l'indépendance des Comores.

II. Transformez les phrases suivantes en titres de journaux.

1) Le Président de l'Ouganda a gracié les deux condamnés.
2) Un détenu s'est évadé en emmenant deux otages.
3) L'équipe de Belgique a perdu deux matchs coup sur coup.
4) Les pourparlers entre les deux pays n'ont pas abouti.
5) Le Président français a regagné Paris aujourd'hui.
6) Les noms des skieurs sélectionnés de l'équipe de France seront bientôt officiels.
7) En vue des prochaines élections, le Ministre de l'Intérieur a découpé le territoire en nouvelles circonscriptions.
8) Maître Gabriel Martin est nommé officieusement bâtonnier de l'ordre des avocats.
9) Les crédits d'Etat seront prochainement transférés.
10) Les deux ministres des Affaires Etrangères se sont entretenus du Proche Orient.

III. Transformez ces phrases simples en phrases complexes.

1) L'institutrice a remercié ses élèves :
   — elle a eu un accident.
   — les élèves lui ont envoyé des fleurs.

2) Ma mère a fait ce coussin :
   — elle avait vu le modèle dans un magazine.
   — je le mets toujours sur mon divan.

3) Les petits exploitants doivent former des coopératives :
   — ils n'ont pas de moyens suffisants.
   — ils ont besoin d'acheter des machines.

4) Le facteur vend les calendriers :
   — il a une sacoche sur l'épaule.
   — il distribue le courrier.

5) Je n'ai pas pris de vacances :
   — le temps me faisait défaut.
   — je n'en avais pas les moyens.
   — et pourtant j'avais grand besoin de vacances.

6) J'ai fait sur mon manteau une tache de cambouis :
   — j'étais en train de changer une roue.
   — je venais d'acheter mon manteau.
   — la tache ne part pas.

NATURE DE LA PHRASE ET ORDRE DES MOTS

Tournures		Voix ou Formes
Affirmative		Active
Interrogative	Verbe	Passive
Négative		Pronominale
Interro-négative		

I – Affirmation et ordre des mots :

1) L'ordre des mots est progressif en français

Ex : Sujet + Verbe + Compléments (ou attributs) ;

2) Toute autre construction implique une inversion du sujet ou bien une inversion du complément d'objet direct par rapport au verbe. C'est le cas notamment :

    a) quand certains mots sont placés en tête de phrase : "peut-être sans doute à peine et encore, tout au plus à plus forte raison du moins aussi, ainsi etc.".

    b) quand les compléments circonstanciels ou des adverbes sont en tête de phrase et que le verbe n'a pas d'autres compléments ;

    c) dans une proposition incise.

II – Interrogation :

1) langue parlée   Intonation :
"Tu as compris ?"
"Est-ce que"....   L'ordre des mots
Est-ce que tu as compris ?   est normal

2) langue écrite   inversion du pronom-sujet ou rappel du nom sujet par un pronom "inversé".
"As-tu compris ?"
"Pierre a-t-il compris ?".

III – Négation :

1) L'ordre des mots est normal dans la négation simple

Ex : "il ne fait pas beau" - "Personne n'écoute".

2) L'ordre des mots dans l'interro-négation suit les mêmes règles que dans l'interrogation :

Ex : Langue parlée :
$\left\{\begin{array}{l}\text{Tu n'as pas compris ?}\\\text{Est-ce que tu n'as pas compris ?}\\\text{Pierre n'a pas compris ?}\end{array}\right.$

Langue écrite :
$\left\{\begin{array}{l}\text{N'as-tu pas compris ?}\\\text{Pierre n'est-il pas venu (réponse :}\\\qquad\qquad\qquad\text{"si ou non").}\end{array}\right.$

IV – Voix Passive :

1) Dans la phrase passive, il y a inversion des rôles et de la place des mots de la phrase active :

Ex : "Des jardins entourent sa villa" → "Sa villa est entourée par des jardins".

Phrase active		phrase passive
sujet	⟵⟶	complément d'agent
c.o.d.	⟵⟶	sujet

2) Toute phrase active ne peut se transformer en phrase passive. Il existe une logique interne et complexe de la langue française. Elle préfère :

a) Un sujet animé avec un complément inanimé (plutôt que l'inverse), en particulier quand le sujet de la phrase active est un pronom.

Ex : On dira : "Pierre a ouvert la porte" et non : "La porte a été ouverte par Pierre"

"Vous dépasserez cette camionnette" et non : "Cette camionnette sera dépassée par vous".

b) Un sujet singulier avec un complément pluriel plutôt que l'inverse :

Ex : "Le touriste a été étonné par des paysages si variés" et non : "Des paysages si variés ont étonné le touriste".

Exercices

I – Introduisez les mots entre parenthèses dans les phrases suivantes – Vous les placerez d'abord à l'intérieur de la phrase puis au début

Ex : (Peut-être) Il fera beau dimanche.
Il fera peut-être beau dimanche.
Peut-être fera-t-il beau dimanche.

1) (sans doute) : Vous avez raison.
2) (aussi) : Il est parti sans me dire au revoir.
3) (ainsi) : Vous aurez compris la difficulté.
4) (à plus forte raison) : Il faut qu'il soit raisonnable.
5) (du moins) : Elle ne cherchait pas à le convaincre, (du moins) elle espérait le comprendre.
6) (peut-être) : Il ne sait pas encore la nouvelle.
7) (aussi) : Il a couru pour rattraper l'autobus.
8) (ainsi) : Elle débarrassait la table.

19

II – Refaites les phrases suivantes en plaçant le complément au début

1) Un rosier pousse près du portail
2) Les beaux jours arriveront bientôt
3) Berlioz naquit en 1803 à la Côte-Saint-André
4) Une colombe buvait le long d'un clair ruisseau (La Fontaine)
5) Les jours passent lentement
6) La conférence des Ministres des Affaires Etrangères s'ouvrira le 21 Septembre.

III – Introduire une proposition incise dans les phrases suivantes :

Ex : Elle dit à son mari : "Je pars au marché".
Je pars au marché, dit-elle à son mari.

1) Il pense : "Je dois me dépêcher".
2) Elle dit : "Nous nous retrouverons demain".
3) Le docteur s'écria : "Quelle mine de papier mâché vous avez !".
4) Jacques remarqua : "Nous menons en ce moment une vie de chien",
5) Nous pensions : "Il a agi en désespoir de cause".
6) Vous direz : "Ce travail a été fait en dépit du bon sens".
7) J'ai dit : "Ne parlez pas si fort".
8) Je pensais : "Ce sera une dure épreuve pour vous".
9) J'ai songé en le regardant : "Comme il a l'air triste !".
10) Il insista : "Vous viendrez jeudi soir".

IV. – Transformez les tours affirmatifs en tours négatifs, en modifiant les phrases si nécessaire :

1) Il oublie toujours quelque chose.
2) Elle va souvent en vacances en Espagne.
3) Achète du beurre, de la farine et des oeufs.
4) Il y a toujours quelqu'un chez vous.
5) J'ai tout perdu dans ce procès.

V. – Transformez les phrases affirmatives suivantes en phrases négatives, et étudiez-en le sens

1) Ce garçon est bête.
2) C'est agréable de se promener sous la pluie.
3) Il est mauvais, ce gâteau !
4) Il fait froid.
5) Ce que vous dites est faux.

VI – Dans les phrases suivantes, dans quel cas peut-on employer le passif ou l'actif, et pourquoi ?

1) Le garagiste est en train de gonfler les pneus.
2) Le touriste parcourt les routes de France.
3) Vous fabriquez beaucoup de matériel agricole.
4) Ce pompiste m'a vendu de l'essence.
5) On annonce le départ du bateau dans cinq minutes.

LA CONSTRUCTION DU VERBE

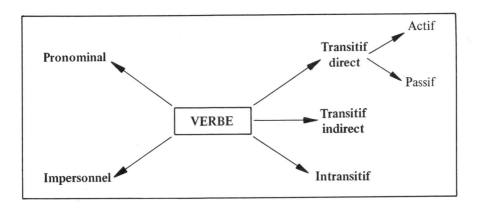

I – VERBES TRANSITIFS DIRECTS

On appelle "verbe transitif direct" un verbe qui se construit directement avec un complément (sans l'aide d'une préposition). Ces verbes peuvent être mis à la voix passive.

Exemple : "On *a cambriolé* la bijouterie cette nuit" (actif).
"La bijouterie *a été cambriolée* cette nuit" (passif).

En français parlé, on emploie surtout la voix active quand l'agent est une personne. On ne dira plus : "La porte est ouverte par Pierre", mais "Pierre ouvre la porte". Cependant, quand l'agent n'est pas exprimé ou qu'il est indéfini, on emploie très volontiers la voix passive.

II – VERBES TRANSITIFS INDIRECTS

On appelle "verbe transitif indirect" un verbe qui se construit avec un complément, précédé d'une préposition, que ce complément soit un nom ou pronom.

Exemple : Je pense à ma cousine.
Je pense à elle.

Remarque :

Certains verbes qui se construisent *avec* une préposition lorsque le complément est un nom, se construisent *sans* préposition lorsque le complément est un pronom personnel placé avant le verbe.

Exemple : Elle parle *à son amie.*
Elle *lui* parle.

III — VERBES INTRANSITIFS

On appelle "verbe intransitif" un verbe qui n'a pas de complément d'objet, exprimé ou sous-entendu.

Exemple : Il dort.

Ces verbes intransitifs sont, la plupart du temps, suivis de compléments circonstanciels qu'il ne faut pas confondre avec les compléments d'objet.

Certains verbes ont des constructions variées et changent de sens selon la préposition qui les suit.

Exemple : Aller
Aller en (train)
Aller à (cheval)
Aller à (la campagne)
Aller jusqu'à (lui dire)
Aller contre (ma volonté)
Aller chez (mon père)
S'en aller = partir
Il y va de (sa vie)

IV — VERBES PRONOMINAUX

Exemple : se lever

Voir leçon spéciale.

V — VERBES IMPERSONNELS

Ces verbes ayant un emploi complexe et délicat seront étudiés plus en détail dans les chapitres suivants.

EXERCICES

I — Mettez au passif :

1) Un galon borde sa jupe.
2) Un motif de fleurs entoure cette assiette.
3) La neige couvre la montagne.

4) On a trouvé un épagneul près de la gare.

5) On a appréhendé le voleur et on l'a mis sous les verrous.

6) On a tricoté son chandail à la main.

7) Des tuiles recouvrent le toit.

8) On n'emploie plus cette formule de nos jours.

9) On a bâti cet immeuble sur pilotis.

10) C'est une voiture qu'on a achetée hier.

II — Employer les verbes suivants dans une phrase de votre choix :

1) Passer (intransitif)
   Passer (+ cod)
   Passer à
   Passer pour
   Se passer de
   Se passer à
   Passer outre

2) Tenir (intransitif)
   Tenir (+ cod)
   Tenir à
   Tenir pour
   Tenir de
   Tenir quelque chose de quelqu'un

3) Venir (intransitif)
   Venir à (+ un lieu)
   Venir à (+ un infinitif)
   Venir de (+ un lieu)
   Venir de (+ un infinitif)
   Venir pour
   Venir chez

4) Prendre (+ cod)
   Prendre quelque chose à qqun
   Prendre sur
   Prendre pour
   S'en prendre à ...
   Se prendre à

III — Expliquez le sens de ces verbes employés dans les expressions suivantes :

1) *Aller*

   Aller à l'aventure
   Aller à tâtons
   Aller bon train
   Aller comme sur des roulettes (fam.)
   (pas de problèmes)

Aller comme un gant
Aller comme un charme (fam.)
Aller de l'avant
Aller de mal en pis
Aller son petit bonhomme de chemin (fam.)

Expliquez : Il n'y va pas de main morte ! (fam.)
Il n'y va pas par quatre chemins ! (fam.)
Comme vous y allez !
Allons donc !

2) *Passer*

Passer sur les défauts de quelqu'un
Passer à travers bois
Passer au travers d'une corvée
Passer l'éponge (fam.)
Passer les bornes
Passer l'arme à gauche (fam.)
Passer outre
Passer une nuit blanche
Passer sous silence
Passer à table (deux sens)
Passer à l'ennemi
Passer au soleil (en parlant d'une couleur)
Passer un examen

Expliquez : Comme le temps passe vite !
Son travail passe avant sa famille.
Nous allons tous y passer (fam.)
Il s'est passé de manger.
On lui a arraché une dent : il l'a senti passer ! (fam.)
Passons !

3) *Tenir*

Tenir à cœur
Tenir au courant
Tenir bon
Tenir en haleine
Tenir lieu de
Tenir rigueur à quelqu'un de quelque chose
Tenir tête à
Tenir quelqu'un à l'œil (fam.)
Tenir sa langue (fam.)
Tenir le bon bout (fam.)
Tenir quelqu'un en respect
Tenir un rôle
Tenir des propos (malicieux)

Tenir parole
Se tenir dans sa chambre
Se tenir mal

Expliquez : Je tiendrai le coup. (fam.)
Elle tient une de ces grippes ! (fam.)
Il ne tient plus debout. (fam.)
Tenez-vous en là.
Si cela ne tenait qu'à moi . . .

4) *Venir*

Venir à bout de
Venir en aide
Venir au secours de
En venir à

Expliquez : Où veut-il en venir ?
Je vous voir venir (fam.)
Elle vient de sortir
Cela ne m'est pas venu à l'esprit.
Il faudra bien qu'il y vienne !
S'il venait à mourir !
J'en viens maintenant à un sujet qui me tient à cœur.

IV – TRAVAIL ECRIT

1) Une femme peut-elle exercer tous les métiers, toutes les professions ? Justifiez votre point de vue.

2) Pensez-vous qu'on puisse exprimer sa personnalité par l'habillement ?

VERBES PRONOMINAUX

Les verbes pronominaux sont accompagnés d'un pronom personnel représentant la même personne que le sujet.

Ex : Nous nous promenons.

Quatre sortes de verbes pronominaux :

- **Verbes non réfléchis** Ex : s'enfuir — se douter
- **Verbes de sens passif** Ex : se construire
- **Verbes de sens réfléchi** Ex : se laver
- **Verbes de sens réciproque** Ex : se battre

EXERCICES

I — Mettre au temps voulu les infinitifs entre parenthèses.

1) Je (ne pas se casser) la jambe — (futur).
2) Tu (se laver) les cheveux — (imparfait).
3) Nous (se souvenir) de ce beau voyage — (présent).
4) Elle (s'efforcer) de répondre poliment (futur).
5) Le moineau (s'envoler) chaque fois qu'on s'approchait — (imparfait).
6) Il (se démener) comme un pauvre diable pour se tirer d'affaire — (présent).
7) La pluie venant, vous (se réfugier) dans une cabane de berger — (imparfait).
8) (S'abstenir) de fumer quand vous avez mal à la gorge — (impératif).
9) (Se rappeler) que tu dois me rapporter ce disque avant le 25 janvier — (impératif).
10) Elles (se maquiller) avec grand soin — (futur).
11) (Ne pas se moquer) de moi, s'il vous plaît — (impératif).

II — Certains verbes changent de sens en devenant pronominaux :

Employez les verbes suivants dans des phrases. Dans chaque cas vous mettrez en évidence les sens que prennent ces verbes :

- douter
- se douter que

- rendre compte à
- se rendre compte de

- rappeler quelque chose à quelqu'un
- se rappeler quelque chose

- attendre quelqu'un ou quelque chose
- s'attendre à

- rendre quelque chose
- se rendre à (+ un lieu)

- servir
- se servir de

- prendre
- s'y prendre bien (fam.)
- s'en prendre à (quelqu'un)

- agir comme
- il s'agit de

III — Remplacez les verbes suivants par le verbe pronominal de sens passif correspondant : (cette tournure est de plus en plus employée dans le français parlé actuel)

1) On voit le Mont Blanc depuis la lucarne de mon grenier.
2) On n'entend pas le train de chez toi.
3) On mange la choucroute avec de la bière.
4) On boit toujours les vins de Bordeaux chambrés.
5) En France on sert souvent le fromage à la fin du repas.
6) Le chalet préfabriqué a été construit en quelques jours.
7) Les patois sont de moins en moins employés dans les campagnes.
8) Les poèmes de Brassens sont souvent chantés avec un accompagnement de guitare.
9) Les timbres français sont vendus uniquement dans les bureaux de tabac ou à la poste.
10) La Volkswagen est appelée "coccinelle".

IV — Remplacer les verbes suivants par des verbes pronominaux de même sens : (attention aux constructions qui peuvent être différentes)

1) Dans "Thérèse Desqueyroux", il est question d'une femme malheureuse en mariage.
2) Elle a perdu connaissance en apprenant la mort de sa mère.

3) Ce roman traite de la vie bourgeoise dans les Landes.

4) "Comme vous êtes gentil !" a-t-elle dit (exclamation).

5) A bout de forces, il est tombé au pied d'un arbre.

6) Les prisonniers avaient sans doute un complice, car ils ont fait le mur (fam.).

7) Je n'ai pas eu le temps de le saluer et il en a été vexé.

8) Le sculpteur consacrait tout son temps de loisir à son violon d'Ingres : la philatélie.

9) Les troupes ennemies ont pris la ville.

10) La nuit tombe. Rentrons. Il est tard.

11) Il faut accepter l'idée de la mort.

12) Ils ont été pris de fou-rire en regardant le dessin animé.

V — Travail écrit

1) Une journée comme les autres.

2) Le suicide vous apparaît-il comme une démission ou comme une preuve de courage ?

VERBES IMPERSONNELS

Les verbes impersonnels n'ont pour sujet que le pronom personnel neutre "il", ou à la rigueur "ce".

Exemples : Il doit être agréable de se promener dans ces bois.

Ce doit être agréable de se promener dans ces bois.

Certains verbes ne s'emploient qu'à la forme impersonnelle :

Exemple : Il pleut.

Une phrase comme : "Je dois partir" devient souvent :

"Il me faut partir" ou
"Il faut que je parte"

EXERCICES

I — Répondez aux questions suivantes en utilisant le tour impersonnel :

1) Quel temps faisait-il hier à Paris ?
2) Qu'y a-t-il sur la table lorsqu'on met le couvert ?
3) Qu'est-il nécessaire d'emporter pour camper ?
4) Que faut-il acheter pour faire des crêpes ?
5) Comment faut-il s'habiller pour cette soirée ?
6) Vous avez lu "Mme Bovary". De quoi s'agit-il dans ce roman ?
7) Que s'agit-il de faire ce matin ?
8) Qu'est-il indispensable de planter dans un jardin potager ?
9) Que faut-il utiliser pour avoir de beaux cheveux ?
10) Qu'est-il traditionnel de dire le 31 décembre à minuit ?
11) Qu'est-il recommandé de faire en cas d'orage violent ?
12) Que faut-il ne jamais faire quand on vous a confié un secret ?
13) Quelle personne est-il urgent d'aller consulter quand on a une carie dentaire ?

II — Attention au deux constructions :

$\boxed{\text{Il}}$ est probable qu'il viendra

Il viendra : $\boxed{\text{c'}}$ est probable (tournure familière employée surtout dans la conversation).

Remplacez une construction par l'autre :

1) Il est souhaitable que vous assistiez à la cérémonie.
2) Il est évident qu'il réussira.
3) Pour un skieur débutant, il est difficile de descendre cette pente sans tomber.
4) Il est normal de commettre des impairs quand on ne connaît pas les habitudes d'un pays.
5) Il n'est pas toujours possible de répondre de but en blanc à des questions embarrassantes.
6) Quand on veut vivre en bonne harmonie avec son entourage, il est indispensable de ne pas jeter de l'huile sur le feu, pour un "oui" ou pour un "non".
7) Il est gentil de téléphoner à ses amis de temps en temps pour prendre de leurs nouvelles.
8) A notre époque, il est très utile d'avoir plusieurs cordes à son arc.
9) Il est habituel de faire la grasse matinée les jours où l'on ne travaille pas.
10) Est-il vraiment nécessaire d'être un fin mélomane pour apprécier la musique polyphonique ?.
11) Il n'est pas rare de confondre des champignons vénéneux voire mortels, avec des champignons comestibles.
12) Quand on est intéressé ou curieux, il est fréquent de faire l'âne pour avoir du son (fam.).
13) N'est-il pas naturel d'aimer rencontrer les personnes avec lesquelles on a le plus d'affinités ?.
14) Est-il indispensable de connaître le nom des étoiles pour aimer regarder le ciel ?

III – Le français familier emploie souvent la tournure "c'est" au lieu de la tournure impersonnelle "il est" :

Exemple : "Elle arbore chaque semaine une robe différente ; c'est vrai que sa mère est couturière".

En français littéraire on écrira : "Elle arbore chaque semaine une robe différente, mais il est vrai que sa mère est couturière".

Voici des bribes de conversation en style familier – Que deviennent-elles en style plus littéraire ?

1) Le dentiste t'avait promis de ne pas te faire souffrir ; c'est exact qu'on dit : "menteur comme un arracheur de dents".
2) Surtout ne t'engage pas en affaire avec lui : c'est de notoriété publique qu'il est un escroc.

3) Ne stationnez pas sur ce passage clouté : c'est sûr que vous allez attraper une contravention (l. parlé).

4) Qu'elle soit volage, c'est difficile de le prouver.

5) Giono décrit parfaitement le caractère des paysans de Haute-Provence : c'est vrai qu'il est originaire de Manosque.

6) Je suis émerveillée d'avoir trouvé ce matin les premières primevères de l'année : c'est vrai que nous sommes déjà en Février.

7) Le professeur s'est donné beaucoup de peine pour expliquer ce théorème mathématique : c'est certain qu'il a prêché dans le désert.

IV – Travail écrit

1) Description de votre ville : en quoi vous paraît-elle caractéristique de votre pays.

2) L'euthanasie.

L'EXPRESSION DE LA RÉALITÉ DU CONCRET

L'EXPRESSION DU PRESENT

PRESENT

I — Sens courant

Action ou état en train de se produire

Ex : J'écris au tableau.
Le livre est sur la table.

II — Sens particuliers

1) Vérité générale :

Ex : L'eau bout à 100°.

2) Habitude :

Ex : Nous partons tous les ans en vacances au mois d'août.

3) Passé récent ou futur proche :

Ex : Je sors à l'instant *a moment ago* du bureau du directeur.
Nous partons tout à l'heure en montagne.

4) Après "si" conjonction de condition, remplace un futur (si + présent + futur) :

Ex : S'il fait beau demain, nous irons à la pêche.

5) Au passif, le présent peut exprimer le résultat actuel d'une action passée :

Ex : La terre est labourée.

6) Présent de narration :

Ex : Hier, j'étais au marché et tout à coup j'entends qu'on m'appelle.

Emploi particulier : dans un récit d'aventure, un résumé de film, de roman ou de pièce de théâtre... pour rendre le style plus vivant.

EXERCICES

I — Quel est le sens des présents employés dans les phrases suivantes :

1) Tu sursautes au moindre bruit.
2) En marchant, il fredonne une chanson.
3) Donnez-vous votre langue au chat ?
4) Le fer est bon conducteur de la chaleur.
5) Il est dans ses petits souliers depuis ce matin car il doit rencontrer son directeur cet après-midi à 3 heures.
6) A mesure que nous avançons, les montagnes se rapprochent.
7) Chaque matin il ne fait qu'aller et venir pendant deux heures avant de se décider à travailler.
8) Vous riez jaune.
9) Votre enfant, vous l'attendez bientôt ? Dans un mois.
10) Une parole désobligeante de plus, et je suis obligé de m'en aller.
11) Il est confus de savoir qu'il vous a tant dérangé.
12) Nous courions dans la forêt ; nous nous amusions follement.
    Tout à coup nous entendons des bruits qui nous paraissent étranges.
13) Dans toute la vallée, la moisson est faite depuis le mois de juin.

II — Mettre au présent les infinitifs entre parenthèses — (Attention plusieurs de ces verbes sont irréguliers).

1) Pendant que son père (parler), elle (finir) son rang de tricot.
2) Lorsqu'elle (vouloir) travailler, elle (fermer) la porte de sa chambre à clé.
3) Pourquoi ne vous (s'asseoir) pas ?
4) Depuis qu'il (travailler) dans cette usine, il (acquérir) une meilleure compétence dans sa spécialité.
5) Vous (se distraire) souvent.
6) Je (lire) souvent avec intérêt, le livre que vous m'avez prêté.
7) Dans le train, tu (lier) conversation avec tes voisins.
8) Tu (moudre) du café tous les matins.
9) Les cris des petits enfants (égayer) la vieille maison.
10) Ils (nettoyer) souvent leurs bicyclettes.
11) Jacques (recevoir) rarement des lettres de ses amis.
12) Il souffre tellement qu'il (geindre) de temps en temps.
13) Quand les montagnards (atteindre) le sommet, une joie les (étreindre).
14) Dans "l'Etranger", Meursault (tuer) un arabe et (aller) en prison.

III — Même travail

1) La poule (pondre) des œufs.
2) Il vous (rejoindre) dans 5 minutes.
3) Vous (teindre) en bleu votre robe blanche.
4) Le sculpteur (ciseler) une statue en pierre.

5) Tu (répéter) la leçon avant de la réciter.

6) Quelques petits garçons (jeter) du pain aux cygnes.

7) Nous (se rappeler) très bien tout ce que vous nous avez enseigné.

8) Nous (crier) de joie.

9) Pourquoi (fuir) vous la compagnie de vos amis ?

IV — Répondez aux questions suivantes :

1) Tu vas au cinéma ce soir ? Oui ... mais ...

2) Tu l'achètes ce manteau ? Non ... parce que ...

3) Tu viens avec moi ? Oui ... mais ...

4) Tu me le fais, ce cadeau ? Non ... parce que ...

5) Tu reçois tes amis ce soir ? Oui ... mais ...

6) Tu pars en vacances, cet été ? non ... parce que ...

V — Posez les questions correspondant aux réponses ci-dessous : (langage parlé)

1) Non, je n'ai pas le temps de m'asseoir, même un instant.

2) Non ce n'est pas ce soir que je te téléphonerai. J'ai trop de travail.

3) La moitié du verre seulement. Je vous remercie.

4) Oui, car ils ne viennent pas avant six heures.

5) Elle fond en larmes parce que tu lui as fait de la peine.

6) Non, ils mangent de la vache enragée (familier).

7) Non, le jeu n'en vaut pas la chandelle (familier).

8) Non, nous ne le connaissons, ni d'Eve, ni d'Adam (fam.).

VI — Faites le portrait

1) D'un artisan au travail.

2) De quelqu'un que vous connaissez bien.

VII — Voici des proverbes bien connus — exprimez en l'idée de façon plus moderne :

1) Rien ne sert de courir ; il faut partir à point.

2) Chat échaudé craint l'eau froide.

3) Tant va la cruche à l'eau qu'à la fin elle se casse.

4) L'habit ne fait pas le moine.

5) Pierre qui roule n'amasse pas mousse.

6) Il n'y a de pires sourds que ceux qui ne veulent pas entendre.

7) Chassez le naturel, il revient au galop.

8) A chaque jour suffit sa peine.

9) On prend plus de mouches avec du miel qu'avec du fiel.

10) Mieux vaut tard que jamais.

L'EXPRESSION DU PASSÉ

L'IMPARFAIT

I — Les trois grands sens de l'imparfait

1) Durée :   Il neigeait depuis la veille
(action inachevée, imparfaite).

2) Description : La ville brillait au soleil
3) Habitude :   Tous les jours, il sortait à 6 heures.

II — Sens particuliers

1) Condition : Si j'étais riche ... (+ conditionnel).
2) Regret :   Ah ! si je savais chanter !
3) Politesse : (présent atténué) : Je voulais vous dire que ...
4) Certitude dans le passé : Encore quelques jours et j'étais mort de faim. (fam.)
5) Délibération : Et si je me mettais au travail !
6) Imparfait historique (un peu solennel) : A 8 ans Louis XIV devenait célèbre.

EXERCICES

I — Relevez et expliquez la valeur des imparfaits dans les phrases suivantes :

1) La mer était bleue. Il faisait beau.
2) Souvent on entendait les oiseaux chanter. Il y en avait partout.
3) Il errait tout le jour comme une âme en peine.
4) Depuis deux jours, il tombait des cordes et ils ne savaient pas s'ils devaient partir ou non en excursion.
5) François était dans les petits papiers du ministre et il aurait pu lui demander n'importe quoi.
6) Si j'avais à choisir un lieu de voyage, j'irais à Venise.

35

7) Le 11 mars le Roi décidait de quitter la capitale — quelques jours après, il mourait.

8) Si vous saviez ce qui m'est arrivé !

9) Je voulais vous demander un service.

10) Encore quelques jours ainsi, et il tombait malade.

II — Même travail

1) Le jour, je m'égarais sur de grandes bruyères terminées par des forêts (Chateaubriand).

2) Mais comment exprimer cette foule de sensations fugitives que j'éprouvais dans mes promenades (id.). ?

3) L'homme marchait assez vite. Cosette le suivait sans peine. Elle ne sentait plus sa fatigue (V. Hugo).

4) Si jeunesse savait, si vieillesse pouvait...

5) La terre était belle ce matin-là... Elle s'étendait devant moi, grise comme le temps, mais douce, avec ses mottes qui fondaient sous le pied. Sous les gouttelettes encore fraîches de la nuit, brillaient des herbes courtes, et l'odeur amère du chiendent à chaque pas broyé par les semelles, montait autour de moi qui avançais par grandes et lentes enjambées (H. Bosco).

6) La neige volait, s'écrasait sur les pélerines, étoilait les murs. De place en place, entre deux nuits, on voyait le détail d'une figure rouge à bouche ouverte (J. Cocteau).

III — Mettre à l'imparfait les infinitifs entre parenthèses

1) Tous les soirs il (s'asseoir) sur les bancs du Boulevard à l'ombre des platanes.

2) Il (intervenir) toujours à bon escient.

3) Nous (s'amuser) à faire des bulles de savon.

4) On (voir) à peu de distance, la mer, les rochers, les vagues blanchissantes (Renan).

5) Pendant que mes parents (se reposer), nous (rire) des plaisanteries que nous (entendre) à la télévision.

6) Chaque fois qu'on lui (dire) quelque chose qui ne lui (plaire) pas, il (faire) la sourde oreille.

7) Facilement, il (conter) des balivernes à qui (vouloir) l'entendre.

8) Elle a téléphoné pendant que nous (s'habiller).

9) L'oiseau blessé (voleter) de branche en branche.

10) Nous (cueillir) des fleurs pendant qu'elles (courir).

IV — Même travail

1) Nous (s'ennuyer) souvent durant notre enfance.

2) Quand elle (attendre) des invités, c'(être) toujours un grand événement. Elle (mettre) les petits plats dans les grands et y (penser) plusieurs jours à l'avance.

3) Le 12 septembre dernier (s'ouvrir) à Rome la conférence des ministres des Affaires Etrangères et des Finances de la Communauté Européenne.

4) En entendant de tels éloges, Dutilleul (devenir) rouge de confusion et son regard (briller) d'amitié et de gratitude (M. Aymé).

5) Des femmes hâves, en pantoufles, (traîner) des enfants sales ; les hommes (être) en espadrilles, en casquettes. Beaucoup malgré la pluie, (ne pas avoir) de pardessus (Van der Meersch).

6) Quand le soir (approcher), je (descendre) des cimes de l'île, et j'(aller) volontiers m'asseoir au bord du lac, sur la grève dans quelque asile caché (J.J. Rousseau).

V — Répondez aux questions suivantes

1) Que faisiez-vous quand vous aviez dix ans ?
2) Qu'allais-tu acheter dans ce magasin quand je t'ai rencontré ?
3) Que pensiez-vous de ce film avant d'en avoir lu la critique dans les journaux ?
4) Quand aviez-vous l'intention de reprendre votre travail ?
5) Comment était la robe de votre amie à la soirée où vous êtes allés ensemble ?
6) L'eau était-elle bonne à Menton ?

VI — Mettez en relief les mots soulignés en utilisant "c'est . . . que" ou "c'est. . . qui"

1) Il venait rarement la voir
2) Elle voulait s'installer à Paris
3) Elle ne se déplaçait qu'en taxi
4) Tu ne lui écrivais jamais
5) Nous le jugions avec indulgence
6) Ils arrivaient à se tenir au courant en se recyclant
7) Ils cherchaient en vain à s'intégrer dans le groupe

VII — Travail écrit

1) Décrivez la maison où vous avez passé votre enfance.
2) Décrivez l'endroit où vous avez passé vos vacances l'été dernier.
3) Vous avez été témoin d'un accident de la route ;
   Rédigez votre témoignage.
4) Vous êtes engagé par un journal pour la rubrique des "Chiens écrasés". Racontez un fait-divers récent.

LES TEMPS DU RÉCIT AU PASSÉ

I – PASSE-SIMPLE

Expression écrite – style élégant.

1) Fait achevé qui s'est produit à un moment précis du passé proche ou lointain

    Ex : A ce moment-là il s'arrêta de parler.

    Louis IX mourut en 1270.

2) Exprime une action ou une succession d'actions s'étant déroulées dans le passé proche ou lointain

    Il entra, se débarassa de son manteau et alla s'asseoir au coin du feu.

    Remarque : Attention aux terminaisons de ce temps, qui sont très diverses :

        j'allai – je vis – j'aperçus – je devins, etc. . .

II – PASSE-COMPOSE

Expression écrite – style familier – expression orale.

1) Tend de plus en plus à remplacer le passé-simple

    Ex : On ne dira plus : "En 1950 nous arrivâmes à Grenoble". mais : "En 1950, nous sommes arrivés à Grenoble".

2) Emplois particuliers

    a) Exprime une action dont les conséquences se prolongent dans le présent

        Ex : Ses cheveux ont blanchi.

    b) Exprime une action récente

        Ex : Hier j'ai rencontré mon ami Pierre.

    c) Exprime une action antérieure par rapport à un présent.

        Ex : Dès qu'il a fini son travail, il fait une promenade.

EXERCICES

I — Identification : qu'expriment les passés-simples dans les phrases suivantes ?

1) A 18 ans je partis sur les routes, sans but, usant ma fièvre vagabonde ... Je traversai des villes et ne voulus m'arrêter nulle part (A. Gide).
2) Elle tâta toutes les bottes de poireaux, puis elle garda celle qui parut la plus belle et la tint contre son sein (Anatole France).
3) A 4 h 41 je décollai le 25 juillet. Je piquai directement vers la côte anglaise.
4) Le soleil en baissant et rapprochant le moment décisif, fit battre le cœur de Julien d'une façon singulière. La nuit vint. Il observa avec une joie qui lui ôta un poids immense de dessus la poitrine, qu'elle serait fort obscure. (Stendhal).

II — Mettre au passé-simple les verbes entre parenthèses

1) Je (voir) que sa casquette de drap noir cachait ses jolies boucles blondes. Cette casquette me (déplaire) (A. France).
2) Pasteur (naître) à Dôle.
3) Il (se résoudre) à prendre une décision importante.
4) Quand (venir) le moment du départ, elle (comprendre) qu'elle ne pourrait cacher son émotion.
5) Van Gogh (vivre) misérablement à Arles.
6) A force de faire des pieds et des mains, il (obtenir) enfin un rendez-vous avec le directeur (fam.).
7) Il (s'abstenir) de tout commentaire.
8) A la force de ses poignets, il (acquérir) une belle situation et (pouvoir) acheter la villa de ses rêves (fam.).
9) Durant son séjour en Italie, elle (aller) plusieurs fois à Florence.
10) Je (savoir) avant tout le monde ce qui était arrivé.
11) Nous ne (croire) pas ce qu'il nous disait.
12) Ils (résoudre) de vaincre leur peur et d'avancer envers et contre tous, coûte que coûte.

III — Travail écrit sur le passé-simple

1) Quel est le personnage historique de votre pays que vous préférez ? Racontez sa vie.
2) Que s'est-il passé dans votre pays au XVIIIème siècle ?

IV — Qu'expriment les passés-composés employés dans les phrases suivantes ?

1) Les acclamations se sont tues. La réunion a pris fin. Chacun retourne à sa tâche. Me voilà seul en face de moi-même (Ch. de Gaulle).
2) La spéléologie : "Beaucoup certainement ont fait ce rêve, mais pour beaucoup aussi, hélas, il est allé rejoindre depuis longtemps d'autres illusions et enthousiasmes d'enfance à jamais perdus". (Norbert Casteret).
3) Et tout d'un coup, le souvenir m'est apparu (Marcel Proust).
4) Un gigantesque incendie a ravagé cette nuit plusieurs immeubles des Champs-Elysées (extrait de journal).
5) Des élèves de la promotion 1973 de l'Ecole Polytechnique ont entamé hier matin une grève ... L'administration de l'Ecole a suspendu les cours, et les élèves ont été consignés, leur courrier bloqué.
6) La Norvège a choisi de renoncer au Marché Commun.
7) Il a grossi ; ses cheveux ont blanchi.

V — Mettez au passé-composé les infinitifs entre parenthèses

1) Mon cher ami, je suis à Paris. Je t'écris cette lettre dans le jardin des Tuileries que tu (visiter) avec moi l'année dernière.
2) Il nous (dire) des paroles très aimables. Ces paroles m'(faire plaisir).
3) Sa mère lui (offrir) un disque pour son anniversaire.
4) Il (se laver) les mains avant de passer à table.
5) La barrière étant fermée nous (revenir) sur nos pas.
6) Il (monter) trois fois au 2ème étage ce matin et il (monter) la valise de sa sœur pour lui rendre service.
7) C'est moi qui (faire) ce gâteau. C'est vous qui l'(manger).
8) Ils (revenir) de bonne heure afin de ne pas vous manquer.
9) Elle ne (vivre) que pour ses enfants.
10) Nous (se taire) quand nous (comprendre) qu'il était très malade.
11) Tout d'un coup une voix forte (rompre) le silence.
12) Je (se résoudre) à prendre cette importante décision quand j'(savoir) qu'il allait partir.
13) Il (suffire) que le professeur fasse les gros yeux pour que les élèves se taisent (fam.).
14) Il (pleuvoir) toute la journée.
15) Vous (franchir) les bornes de la politesse.
16) J'(avoir) maille à partir avec mes voisins.
17) Il (croire) bon de vous mettre au courant de la situation.
18) Vous (mettre) la main à la pâte, vous aussi ? (fam.).
19) En entendant l'ironie de certains propos, Christian (monter) sur ses grands chevaux et (se mettre) dans une colère noire (fam.).
20) Est-ce qu'il (mourir) de sa belle mort ?
21) Vous (naître) sous une bonne étoile.
22) En agissant ainsi, vous (ne pas voir) plus loin que le bout de votre nez (familier).

VI — Expression orale

Répondez aux questions suivantes :

1) Qui a sonné à la porte ce matin ? C'est ... qui ...
2) Tu as déjeuné ce matin ? Non ... parce que ...
3) Tu ne t'es pas mordu la langue d'avoir révélé cette confidence ?
   Si ... mais ... (fam.).
4) Avez-vous pensé aux conséquences de votre conduite ? Oui, mais ...

VII — Imaginez des questions pour les réponses suivantes :

1) Il a fini avant midi.
2) Il a fait beau toute la journée en montagne.
3) Tu m'as mis la puce à l'oreille (fam.).
4) Ils m'ont mis l'eau à la bouche (fam.).
5) Il a pris la mouche (fam.).
6) J'ai travaillé pour des prunes (fam.).
7) Elle ne l'a jamais lu.

VIII — Récapitulation sur l'emploi des temps du passé

Mettez au temps convenable :

1) Je (continuer) à travailler d'arrache-pied ... En janvier je (faire) mon stage au Lycée Janson-de-Sailly sous la surveillance de Rodriguès ... il (présider) la ligue des droits de l'homme et (se tuer) en 1940 quand les allemands (entrer) en France (S. de Beauvoir).
2) Mes camarades me (traiter) sans condescendance et même avec une extrême gentillesse, car ils ne (voir) pas en moi, une rivale (S. de Beauvoir).
3) Plume (déjeuner) au restaurant quand le maître d'hôtel (s'approcher), le (regarder) sévèrement et lui (dire) d'une voix basse et mystérieuse : "Ce que vous (avoir) dans votre assiette ne (figurer) pas sur la carte" (H. Michaux).
4) Dans le salon aux fauteuils de cuir où nous (aller) prendre le café, Grigri (être couché) sur un fauteuil. Les nuages (s'accumuler) et la pièce (devenir) sombre. Le général me (dire) avec un peu d'ironie : "C'est vous qui (imposer) le mot "gaullisme", non ? Qu'(entendre) vous par là au-début ?" De nouveau le ton (changer) (A. Malraux).
5) Quand César (être tué), il (tenir) la liste des conjurés dans sa main.
6) La mort de ceux que l'on (aimer), on y (penser) après un certain temps avec une inexplicable douceur (De Gaulle).
7) Je (découper) tranquillement mon pain quand un bruit léger me (faire) lever les yeux. Devant moi (se tenir) un petit être déguenillé, et je (l'entendre) soupirer d'une voix basse et rauque (Baudelaire).
8) Comme j'(aller) rentrer dans un cabaret, un mendiant me (tendre) son chapeau (Baudelaire).

9) A cause de cette brûlure que je ne (pouvoir) plus supporter, je (faire) un mouvement en avant. Je (savoir) que ce (être) stupide ... Mais je (faire) un pas, un seul pas en avant. Et cette fois, sans se soulever l'Arabe (tirer) son couteau qu'il me (présenter) dans le soleil. La lumière (gicler) sur l'acier et c'(être) comme une longue lame étincelante qui m'(atteindre) au front (Camus).

10) Tout mon être (se tendre) et j'(crisper) ma main sur le révolver. La gâchette (céder) ... je (secouer) la sueur et le soleil. Je (comprendre) que j'avais détruit l'équilibre du jour, le silence exceptionnel d'une plage où j'(avoir) été heureux (Camus).

IX — Travail écrit :

1) Racontez votre dernier week-end.
2) Qu'avez-vous fait ces dernières années ?

PLUS-QUE-PARFAIT EMPLOYE SEUL

1) Exprime une action passée, non datée comme l'imparfait, mais terminée complètement :

    Ex : Il avait rangé sa chambre soigneusement.

    (comparer avec : il rangeait sa chambre soigneusement).

2) Exprime une habitude :

    Ex : Il avait toujours aimé les couchers de soleil.

3) "Si" + plus-que-parfait $\longrightarrow$ conditionnel passé 1ère forme.

    Ex : Si tu étais venu, tu aurais pu m'aider.

4) Atténuation d'une demande ou d'une affirmation.

    Ex : J'étais venu vous apporter une lettre.

PASSE ANTERIEUR

1) Très littéraire et peu usité

2) Exprime une action très vite achevée dans le passé.

    Ex : Il eut vite fait le tour de la question.

3) Doit être accompagné d'un complément circonstanciel de temps ou d'un adverbe : bientôt – vite – à peine – en un instant – en un clin d'œil – enfin etc. *hardly, barely*

4) Dans le français parlé très familier on remplace quelquefois le passé antérieur par le passé surcomposé.

PASSE SURCOMPOSE

1) Forme : passé composé de l'auxiliaire AVOIR + participe passé

    Ex : "il a eu fini son devoir en un clin d'oeil"

    "elle a eu vite compris son erreur".

2) Emploi : Langue parlée familière, voire populaire ; remplace parfois un passé antérieur :

    Ex : "quand il a eu bien mangé, il s'est mis à ronfler".

    "le blé, ça ne paye pas ; ça a eu payé"   (Fernand Raynaud)

LES PASSÉS RELATIFS

Verbe principal	Antériorité récente	Antériorité lointaine
Présent de l'indicatif **ou** **Impératif présent**	Passé-composé	Plus-que-parfait

Ex : Il lit le magazine que tu as acheté hier.
Donnez-moi un morceau du gâteau que vous avez fait.
Elle aime beaucoup le livre qu'elle avait reçu quelques années auparavant

Passé-composé	Passé-composé Passé-surcomposé	Plus-que-parfait

Ex : Il n'a pas aimé le film qu'il a vu hier soir.
Il a retrouvé un camarade avec qui il avait fait ses études.
Il est parti à sa recherche dès qu'il a eu fini.

Passé-simple	Passé-antérieur	Plus-que-parfait

Style litté-raire } Ex : Les enfants ouvrirent leurs paquets dès qu'ils les eurent découverts.
Du coup ils jetèrent les jouets qu'ils avaient reçus au Noël précédent.

Imparfait	Plus-que-parfait Passé-antérieur	Plus-que-parfait

Ex : Il lisait son journal quand il avait fini son repas.
A peine fut-il couché qu'il dormait à poings fermés.
A peine s'était-il couché qu'il dormait à poings fermés.

Futur	Futur-antérieur	Futur-antérieur

Ex : Il travaillera dès qu'il aura compris que c'est nécessaire.

EXERCICES

I – Expliquez la valeur des plus-que-parfaits et des passés antérieurs dans les phrases suivantes :

1) Je portais à mes lèvres une cuillerée du thé où j'avais laissé s'amollir un morceau de madeleine (M. Proust).
2) Un plaisir délicieux m'avait envahi, isolé – . Il m'avait aussitôt rendu les vicissitudes de la vie indifférentes (M. Proust).
3) Comme l'orage grondait sur Bordeaux depuis deux jours, elle lui avait dit de l'attendre chez le pâtissier. Le quart de six heures avait sonné. Robert avait déjà mangé trois gâteaux et maintenant il était écœuré (F. Mauriac).
4) J'enviais jusqu'au sort du pâtre que je voyais réchauffer ses mains à l'humble feu de broussailles qu'il avait allumé au coin d'un bois (Chateaubriand).
5) Quand j'eus fini, je trouvai que j'avais réussi (Péguy).
6) Quand il eut fait quelques kilomètres, il s'aperçut qu'il était perdu.
7) Il me dit qu'il avait connu mon père pendant la guerre et qu'il avait eu plusieurs fois l'occasion de le rencontrer.
8) Elle poussa du pied la porte de la salle à manger qu'elle avait laissée ouverte.
9) Quand on eut mangé les hors-d'œuvres, on s'attaqua au plat de viande.
10) Enfin, elle avait compris.
11) Si vous l'aviez voulu, vous auriez pu partir dix jours avant.
12) Si j'avais su !

II – Mettre aux temps voulus les infinitifs entre parenthèses :

1) Quand il (finir) il s'aperçut qu'il (être) déjà sept heures.
2) Les ouvriers (finir) leur travail. Ce (être) le tour des femmes de ménage. Elles (venir) prendre la relève dans l'atelier.
3) Le chemin que nous (suivre) était sûrement le bon.
4) Il (renoncer) à tout.
5) Si vous l'(écouter), vous seriez encore dans un piteux état.
6) Si je (savoir) m'y prendre !
7) La vue de la petite madeleine ne m'(rappeler) rien avant que je n'y eusse goûté (Proust).
8) Nous (inviter) les amis que nous (rencontrer) chez vous au printemps dernier.
9) Elle (tricoter) un chandail pour son mari d'après le modèle que nous (voir) dans un magazine.
10) Je vous (présenter) mon amie Corine, dont je vous (parler) souvent.
11) Depuis très longtemps j'(rêver) de faire un voyage en Grèce. Toujours il y (avoir) des obstacles. Mais enfin cette année j'(réaliser) mon rêve et je (revenir) avec des souvenirs merveilleux.

12) Quand elle (rentrer) de promenade, elle (mettre) dans toute sa maison les bouquets de fleurs qu'elle (ramasser) tout le long du chemin et elle (se réjouir) pendant plusieurs jours de les regarder.

13) Ne (savoir) vous pas que j'(être) très malade il y a quelques années ? Je vous l'(écrire) pourtant à ce moment-là.

14) Les élèves (finir) leur travail quand le professeur leur (expliquer) comment ils (devoir) le faire.

15) Tout en faisant de menus travaux, elle (fredonner) souvent des chansons qu'elle (apprendre) dans son enfance et qui lui (rappeler) un temps où elle (être heureuse).

III — Mettre au temps convenable les infinitifs entre parenthèses.

(Ces phrases appartiennent souvent au style familier).

1) Quand il (finir) de lire, il (poser) son journal et (s'assoupir) doucement.

2) Il y (avoir) belle lurette que je (comprendre) qu'il n'aime pas qu'on marche sur ses plates-bandes (fam.).

3) A peine elle l'(apercevoir) qu'elle (s'avancer) vers lui en souriant.

4) J'(venir) vous demander la permission de prendre votre voiture.

5) Si vous (travailler) davantage, vous auriez réussi à votre examen. Avec un peu plus de persévérance, vous (avoir) une mention.

6) Il (neiger) toute la nuit, et comme le chasse-neige (ne pas passer) il ne (pouvoir) pas sortir sa voiture.

7) Quand le jardinier (finir) il rangea ses outils dans la remise.

8) Quand il (découvrir) le pot aux roses, il (comprendre) qu'il (être joué).

9) Depuis la mort de son mari, elle (vieillir) beaucoup.

10) Les beaux jours étant arrivés, les bergers (emmener) les troupeaux dans les alpages.

11) A peine arrivé, il nous (fausser compagnie) pour aller bavarder avec ses amis.

12) Einstein (mourir) à Princeton en 1955.

13) Je (venir) revoir la maison où j'(habiter) quand j'(être) enfant.

14) L'année dernière, chaque fois que j'(écouter) la Vème symphonie de Mahler, j'(évoquer) le film de Visconti : "La mort à Venise".

15) Il (ne pas y aller par quatre chemins) dès qu'il (comprendre) à qui il (avoir affaire).

16) Quand elle (être monté) sur la jument, elle (être prise) de panique et (s'écrier) qu'elle voulait descendre.

17) Nous (avoir beau) nous mettre en quatre pour vous, vous (rouspéter) toujours (fam.).

IV — Même travail

(Ces phrases appartiennent au style littéraire)

1) Au soir de sa vie, Mauriac nous (donner) dans ses "Mémoires Intérieurs", une image de lui-même.

2) "L'aumônier me (regarder) avec une sorte de tristesse ; j'(être) maintenant complètement adossé à la muraille et le jour me (couler) sur le front. Il me (dire) quelques mots que je (ne pas entendre) et me (demander) très vite si je lui (permettre) de m'embrasser" (Camus).

3) "Par sa famille maternelle, Marcel Proust (apprendre) à connaître les traits de mœurs et de caractère d'une bourgeoisie française de race juive. Il la (peindre) plus tard de manière tantôt implacable et tantôt affectueuse". (Maurois).

4) "Je (coudoyer) une fois trois paysans face au lit de mort de leur mère. Et certes c'(être) douloureux. Pour la seconde fois (être tranché) le cordon ombilical. Pour la seconde fois un nœud (se défaire) : celui qui (lier) une génération à l'autre. Ces trois fils (se découvrir) seuls, ayant tout à apprendre, privés d'une table familiale où se réunir aux jours de fête, privés du pôle en qui ils (se retrouver) tous". (St. Exupéry).

5) "Quelques années (s'être écoulées) : l'époque où j'(rencontrer) Adrienne devant le château n'(être) plus qu'un souvenir d'enfance. Je (se retrouver) à Loisy au moment de la fête patronale" (Nerval).

6) "Quand je (revenir) près de Sylvie, je (s'apercevoir) qu'elle (pleurer). La couronne donnée par mes mains à la belle chanteuse (être) le sujet de ses larmes. Je lui (offrir) d'en aller cueillir une autre mais elle (dire) qu'elle n'y (tenir) nullement. Je (vouloir) en vain me défendre, elle ne me dit plus un seul mot pendant que je la (reconduire) chez ses parents" (Nerval).

7) "Sylvie que je (voir) grandir, (être) pour moi comme une sœur" (Nerval).

8) "Comme je (se promener) un soir dans une allée de tilleuls à l'entrée du village, je (voir) sortir une jeune femme d'une maison écartée. Elle (être mise) très simplement et voilée, en sorte que je ne (pouvoir) voir son visage ; cependant sa taille et sa démarche me (paraître) si charmantes que je la (suivre) des yeux quelque temps. Comme elle (traverser) une prairie voisine, un chevreau blanc qui (paître) en liberté dans un champ, (accourir) à elle" (Musset).

9) "Il (être) près de onze heures du soir lorsque je (penser) à revenir ; comme j'(marcher) beaucoup, je me (diriger) du côté d'une ferme que j'(apercevoir) pour demander une tasse de lait et un morceau de pain" (Musset).

10) "Je me (disposer) un jour à aller chez elle, lorsqu'on (frapper) à ma porte et je (voir) entrer Mercanson, ce même prêtre que j'(rencontrer) dans son jardin à ma première visite .. Il (commencer) par des excuses ... sur ce qu'il (se présenter) ainsi chez

47

moi sans me connaître ; ... enfin il m'(annoncer) que Mme Pierson (être malade) et qu'elle l'(avoir chargé) de m'avertir qu'elle ne pourrait me revoir de la journée" (Musset).

11) "Dès que j'(finir) de déjeuner, je (retourner) au Luxembourg et bientôt j'(apercevoir) mon ami qui (donner) le bras avec cérémonie à une toute vieille petite femme vêtue de noir, et à qui je (être présenté)" (Maupassant).

12) "Un jour — elle (avoir) alors onze ans — , comme elle (passer) par ce pays, elle (rencontrer) derrière le cimetière le petit Chouquet qui (pleurer) parce qu'un camarade lui (voler) deux liards" (Maupassant).

13) "Les boulevards (prendre) leur paix du matin, les rentiers du voisinage (se promener) au soleil" (Zola).

V – Travail écrit

1) En rangeant un tiroir, vous retrouvez un objet qui évoque pour vous des souvenirs anciens : racontez.

2) Le progrès matériel est-il la condition essentielle à la civilisation ? Les anciens étaient-ils moins civilisés que nous ?

EXPRESSION DE L'AVENIR

I – LE FUTUR

Il sert à exprimer une action à venir proche ou lointaine.

> Ex : Il partira bientôt.

— Peut exprimer un ordre :

> Ex : Tu feras ce travail avant ce soir.

— Le futur proche peut s'exprimer par le présent :

> Ex : Demain je pars à Paris.

— Le futur proche peut également être exprimé par la locution verbale aller + infinitif :

> Ex : Il va mourir (au présent)
> Il allait mourir (au passé)

II – LE FUTUR ANTERIEUR

Il exprime une action antérieure à une autre au futur.

> Ex : Elle aura fait ses bagages quand le taxi viendra la chercher.

— Peut exprimer une probabilité :

> Ex : Ils auront eu un accident...

III – LE FUTUR DANS LE PASSE

Il s'exprime par le conditionnel présent ou passé.

> Ex : J'espère qu'il viendra.
> J'espérais qu'il viendrait.
> Elle pense que tu seras parti avant elle.
> Elle pensait que tu serais parti avant elle.

Attention : Faites la différence phonétique entre la 1ère personne du singulier du futur [e] et la 1ère personne du singulier du conditionnel [ɛ].

EXERCICES

I – Qu'expriment les futurs employés dans les phrases suivantes ?

1) Je n'oublierai jamais cette délicieuse journée.
2) Dans cent ans les hommes feront toujours les mêmes gestes, auront toujours les mêmes sentiments.
3) Ce soir, je viens à 6 heures.
4) En l'an 2 000 : "Il n'y aura plus dans le monde ni agriculture, ni pâtres, ni laboureurs ; le problème de l'existence par la culture du sol aura été supprimé par la chimie. Il n'y aura plus de mines de charbon de terre, ni d'industries souterraines" (M. Berthelot).
5) Si vous n'exécutez pas ce travail immédiatement, je vous donnerai une punition.
6) Malraux dans les Anti-mémoires : "A l'occasion de mon départ Nehru vint dîner à notre ambassade. La France allait créer un Ministère des Affaires Culturelles ; il étudiait la création d'une institution semblable".
7) Ce moment annonçait celui qui allait le suivre, où maman m'aurait quitté, où elle serait redescendue (M. Proust).
8) Dès la rentrée de septembre, l'institutrice savait que tous les enfants sauraient lire trois mois après.

II – Mettre au futur les infinitifs entre parenthèses :

1) Elle (balayer) la maison.
2) Nous (mourir) tous.
3) Vous (accourir) dès que vous (entendre) l'appel de la cloche.
4) C'est à qui (employer) le plus d'ingéniosité pour vendre sa camelote.
5) Vous (jeter) du pain aux moineaux.
6) Tout à l'heure, quand (venir) le moment de faire du feu dans la cheminée, je (couper) du petit bois et vous (apporter) des allumettes.
7) Si vous êtes en retard, vous (courir) et vous (avoir) trop chaud en arrivant.
8) Nous savons que vous nous (écrire) mais nous n'espérons pas que vous (venir).
9) Quand il (finir – futur antérieur), il (pouvoir) aller jouer avec ses camarades.
10) En allant voir ce film étranger en version originale, il me semble que je ne (comprendre) rien.
11) Avant la venue de l'hiver, nous (acheter) des vêtements chauds.
12) Dès que nos invités (être arrivés), vous (servir) le dîner.
13) Me (croire) vous enfin ?
14) Dès qu'il (recevoir – futur antérieur) votre demande, il (examiner) votre dossier et (appuyer) votre requête.
15) Nous (voir) bien s'il (savoir) se débrouiller (fam.) tout seul ou si au contraire il (falloir) lui venir en aide.

16) Tu (rire) de bon cœur quand tu (savoir) ce qui nous est arrivé.

17) Quand vous (lire — futur antérieur), vous (comprendre) pourquoi il m'a tant amusé.

18) La voie rapide F 18, l'un des deux accès à l'autoroute Paris-Chartres (être mise) en service à la fin du mois.

19) Quand bien même je réussirais à mener à la victoire un peuple à la fin rassemblé, que (être) ensuite son avenir ? (Ch. de Gaulle).

III — Exercice structural

Ex : Je sais qu'il viendra.
Je savais qu'il viendrait.

1) Nous croyons qu'il ira à la chasse.
Nous croyions . . . .

2) Je me demande à quelle heure il téléphonera.
Je me demandais . . . .

3) Il espère que nous saurons déchiffrer son écriture.
Il espérait . . . .

4) Alain croit que je viendrai la chercher à la gare.
Alain croyait . . . .

5) Elle suppose qu'elle aura reçu une lettre de sa sœur avant la fin de la semaine.

Elle supposait . . . .

6) Le médecin sait qu'il pourra venir dans l'après-midi.
Le médecin savait . . . .

7) Tu penses qu'elle aura dormi huit heures.
Tu pensais . . . .

8) Vous annoncez que nous n'arriverons que dans trois jours.
Vous annonciez . . . .

9) Claire pense qu'elle aura fort à faire pour venir à bout de son travail.
Claire pensait . . . .

IV — Travail écrit

1) Imaginez ce que sera votre vie en l'an 2 000.

2) Faites des projets d'avenir.

ACCORD DES PARTICIPES PASSÉS

I – EMPLOYES AVEC ETRE

Règle : Le participe passé (comme l'adjectif) employé avec l'auxiliaire être s'accorde avec le **sujet**.

Ex : Ils sont partis (temps passé)
Elle est aimée de tous (verbe passif)

EXERCICES

I – Mettre au passé-composé les verbes des phrases suivantes.

1) Il (descendre) du train beaucoup de voyageurs.
2) Lui et moi (aller) aider Jean à déménager.
3) Une foule d'ouvriers agricoles (arriver) pour la vendange.
4) Vous (devenir) bien pâle ; qu'avez-vous ma tante ?
5) Ces boutons de roses (éclore) déjà.
6) Donnez-nous une bière, nous (mourir) de soif !
7) Jeanne et son mari (partir) pour le salon de l'automobile.
8) Pierre et moi (retourner) chaque année nous recueillir sur sa tombe.
9) Prépare tes skis, la neige (tomber) toute la nuit.
10) N'ayant pas de retraite suffisante, les vieilles gens, (ne pas arriver) à garder leur appartement.

II – Mettre au passif en respectant les temps :

1) Nos parents nous choient parfois trop.
2) Il faisait beau temps et on avait déjà commencé les vendanges.
3) Une douce joie nous remplit quand nous revoyons les lieux où nous avons passé notre enfance.
4) Les faneurs attaqueront la prairie ; ils couperont les foins, les étaleront puis les retourneront.
5) Des guêpes et des abeilles dévoraient les muscats.

6) Le désir de monter plus haut pousse les ambitieux.
7) En un instant l'ouragan enveloppa les promeneurs, les éclairs les affolèrent et le tonnerre les assourdit.
8) Il convient que ceux qui sont sages et prévoyants nous dirigent.
9) Les mouches enveloppaient les bœufs que Germain avait conduits au labour.
10) La neige ensevelissait la campagne et recouvrait de blanc les maisons.

III — En partant de ces titres de journaux, rédigez des phrases au passif :

Ex : "Assassinat de deux sœurs au bois de Boulogne.
"Deux sœurs ont été assassinées. . . . .

1) Rupture des relations diplomatiques entre les deux pays.
2) Cambriolage de la villa d'un milliardaire au Cap Ferrat.
3) Découverte d'un dépôt d'armes près de Paris.
4) Arrestation d'une bande de voyous à la Gare de Lyon.
5) Vente de la vignette chez tous les buralistes à partir du 1er Novembre.
6) Rapt d'un enfant à la sortie de l'école.
7) Choix d'une femme comme juge au procès des mineurs.
8) Confrontation de tous les témoins au cours de la reconstitution du crime.
9) Vaine tentative de détournement d'avion.
10) Diffusion à midi du prochain bulletin de santé du Chef de l'Etat.

II – EMPLOYES AVEC AVOIR

> **Règle** : Le participe passé employé avec l'auxiliaire avoir s'accorde avec le **complément d'objet direct** (C.O.D.) si celui-ci est placé **avant** lui :
>
> Ex : J'ai rencontré tes **parents**.
> Je ne **les** ai pas reconnus.

EXERCICES

I – Remplacez le C.O.D. par le pronom personnel convenable :

1) Nous avons rencontré nos amies au détour du chemin.
2) J'ai toujours aimé la poésie des petits villages.
3) J'ai cueilli ces primevères dans le chemin creux qui descend à la rivière.
4) Nous avons trouvé la maison un peu fraîche.
5) L'enfant avait regardé les fusées du feu d'artifice avec des yeux émerveillés.
6) Elle a parsemé la table de pétales de roses.
7) Avez-vous toujours évité ces dangers ?
8) Nous avons parcouru les hautes montagnes des Alpes, en rêvant de montagnes plus hautes encore.
9) L'avare a accumulé ces trésors dont il n'a jamais joui.
10) Elle avait obtenu ces résultats en travaillant d'arrache-pied.

II – Mettre au passé composé les verbes des phrases suivantes :

1) Nous doublons les bonheurs que nous partageons avec les autres.
2) Les arbres que les oiseaux pillent, ploient sous le poids des fruits.
3) Les résultats que nous obtenons avec difficulté nous procurent beaucoup de joie.
4) Nos camarades nous appellent, nous leur répondons.
5) Du haut de la montagne, elle découvre un panorama qui l'émerveille.
6) De tous les pays que nous visitons, en est-il un plus beau que le nôtre ?
7) Ce bouquet de marguerites que tu cueilles me rappelle une gravure de Dürer.
8) Les musées que vous visitez contiennent des tableaux de grande valeur.
9) Ces livres nous plaisent, nous les relisons avec plaisir.

III

a) Employez au passé composé les verbes : Créer, acquérir connaître, recevoir, offrir, moudre en les faisant suivre d'un C.O.D.

b) Refaire la phrase en remplaçant le C.O.D. par le pronom personnel convenable.

c) Tourner la phrase au passif :

Ex : Mon frère a peint la cuisine.
Il l'a peinte.
La cuisine a été peinte par mon frère.

IV — Travail écrit

1) Aragon écrit : "L'encre des quotidiens nous tient lieu de cervelle". Qu'en pensez-vous ?
2) La non-violence.

III – EMPLOYES AVEC AVOIR (suite)

Cas particuliers (étudiants avancés)

Règles

1) Jamais d'accord avec en :

   Ex : J'ai cueilli des pâquerettes ; j'en ai cueilli.

2) Les participes des verbes impersonnels employés avec l'auxiliaire "avoir" restent invariables :

   Ex : Quelle chaleur il a fait hier !

3) Attention : les verbes courir, coûter, dormir, peser, régner, valoir, vivre, se construisent avec un C.O.D. mais peuvent aussi avoir un complément circonstanciel introduit sans préposition.

   Ex : Les compliments que lui a valus sa réussite l'ont particulièrement touché

   mais : cette voiture ne vaut plus les millions qu'elle a valu

4) Les participes passés dû, cru, pu, voulu sont invariables quand ils ont pour C.O.D. un infinitif sous-entendu

   Ex : Vous n'avez pas fait tous les efforts que vous auriez dû ("faire" sous-entendu)

5) Le participe passé du verbe "faire" reste toujours invariable lorsqu'il est suivi d'un infinitif.

   Ex : "Ses cheveux, elle les a **fait** couper".

EXERCICES

I – Justifiez l'orthographe des participes passés des verbes suivants :

1) Que de patience il a fallu pour terminer cet ouvrage !
2) Des roses, j'en ai cueilli des brassées.
3) La chaleur torride qu'il a fait toute la journée a flétri les fleurs.
4) Elle en a connu des difficultés dans son existence !
5) Des hommes admirables, il y en a. J'en ai connu.
6) Vous n'avez plus d'ennuis ? Je n'en ai jamais eu.
7) Les orages qu'il y a eu ont ravagé les cultures.

II — Accords spéciaux : courir, coûter, dormir etc. croire, pouvoir etc. (attention au sens du verbe)

1) Les dangers qu'ils ont (couru) autrefois les ont (rendu) très prudents.
2) Jamais elle n'oubliera les cinq années qu'elle a (vécu) à Majorque.
3) Ce tableau ne peut être vendu à une somme supérieure à celle qu'il a (coûté).
4) Cette décision de vous expatrier, l'avez-vous bien (pesé) ?
5) Depuis son régime, elle ne "fait" plus les 102 kilos qu'elle a (pesé).
6) Il ne faut pas oublier tous les efforts que le Tunnel du Mont Blanc a (coûté).
7) Les 35 années que ce roi a (régné) ont été fertiles en événements.
8) Je vous ai fait parvenir tous les renseignements que j'ai (pu).
9) Le crémier nous a vendu tous les fromages que nous avons (voulu).
10) Les enfants ont acheté tous les gâteaux qu'ils ont (pu).
11) Catherine et Pierre ne sont jamais allés à l'école ; leur mère les a toujours (fait) travailler.

III — Travail écrit

Racontez une réception à laquelle vous avez été invité. Décrivez les personnes.

ACCORD DES PARTICIPES PASSÉS

VERBES PRONOMINAUX

Verbes pronominaux non réfléchis ⎫
Verbes pronominaux de sens passif ⎬ accord avec le sujet.

Exemples : Elle s'est évanou**ie**.
La porte s'est ouver**te**.

Exceptions : Se plaire à — se complaire à — s'en prendre à — s'y prendre :
les participes de ces verbes restent invariables.
S'imaginer — se figurer — se rappeler : accord avec le
c.o.d. quand il est placé avant.

Verbes pronominaux réfléchis ⎫ accord avec le complément d'objet
Verbes pronominaux réciproques ⎬ direct quand il est placé avant.

Exemples : Elle s'est peign**ée**.
Ils se sont embras**sés**.
Elles se sont **nui**. (se est ici c.o.ind.)

EXERCICES

I — Mettre au temps voulu les infinitifs entre parenthèses :

1) Elle (se promettre — plus-que-parfait) de réussir quoi qu'il advienne.
2) Les deux filles (se prendre — passé-composé) par la main.
3) Leurs robes (se prendre — passé-composé) aux buissons.
4) Elles (s'y prendre mal — plus-que-parfait) pour ouvrir le portail.
5) Les jours (s'allonger — passé-composé) depuis janvier.
6) L'étudiante (s'excuser — passé-composé) de son retard.
7) Nous (se rappeler — plus-que-parfait) que nous n'avions pas payé nos impôts.
8) Elles (s'imaginer — plus-que-parfait) qu'on les avait suivies.
9) Mes amis (s'envoyer — passé-composé) leurs vœux pour la nouvelle année.

10) Elle (se figurer — plus-que-parfait) que c'était arrivé (l. parlé).

11) Le gouvernement (se donner — passé-composé) beaucoup de mal.

12) Les photos qu'ils (se montrer — passé-composé) étaient bien réussies.

13) La pièce "Knock" (se jouer — passé-composé) plus de mille fois et son intrigue peut se résumer ainsi (. . .)

14) La salle de réunion (se remplir — plus-que-parfait) en un clin d'œil et une atmosphère survoltée (se créer — plus-que-parfait) aussitôt.

15) Savez-vous ce qui (se répondre — cond-passé) en pareil cas ?

16) Quand il a mis le courant, l'ampoule électrique (s'allumer — passé-composé).

II — Même travail :

1) Les jeunes gens (se rencontrer — passé-composé) mais ils (ne pas se plaire — passé-composé).

2) Une ornière (se creuser — plus-que-parfait) de chaque côté de la route.

3) Les souvenirs qu'elle (se rappeler — passé-composé) l'ont émue aux larmes.

4) Dans la queue, les clients pressés (se pousser — passé-composé) et certains (s'injurier — passé-composé).

5) Les persiennes (s'ouvrir — plus-que-parfait) sur un paysage ensoleillé.

6) Elle (se servir — plus-que-parfait) d'une poêle pour faire les crêpes de la chandeleur.

7) Ces crêpes (se servir — passé-composé) chaudes.

8) Elle (se laver — plus-que-parfait) les cheveux, puis les (se sécher — plus-que-parfait) avec un casque.

9) Les deux sœurs (se réciter — passé-composé) leur leçon.

10) Le professeur et les débutants (se parler — passé-composé) longuement.

11) Votre concierge, Mme Michu, (ne pas se souvenir — passé-composé) de mon nom.

12) Elle (se creuser — passé-composé) la tête pour en inventer un, mais ses hésitations (se multiplier — passé-composé).

13) Des académiciens (se tromper — conditionnel passé) dans l'accord des participes.

14) Toutes ces commères (se répéter — plus-que-parfait) un secret de polichinelle.

15) Instituteurs et écoliers (se montrer — passé-composé) très contents les uns des autres.

16) La nuit (se passer — passé-composé) à boire et à danser.

17) Vous (se figurer — conditionnel passé), Madame, que vous deviendriez un jour premier ministre ?

III — Travail écrit :

1) Une grande peur.

2) Les problèmes de l'emploi dans votre pays.

ADJECTIF VERBAL - PARTICIPE PRÉSENT
GÉRONDIF

1 — ADJECTIF VERBAL

A la valeur d'un adjectif qualificatif. Donc il s'accorde avec le nom.
Exemple : Elle avait des yeux brillants.

2 — PARTICIPE PRESENT

Forme verbale marquant une action. Il est invariable.
Exemple : Elle avait des yeux **brillant** de fièvre.

3 — GERONDIF

Forme verbale précédée de EN ; a une valeur de complément circonstanciel (temps, cause, condition etc.). Il est invariable.

Exemple : Il est tombé en courant. Deux sens :
   Parce qu'il courait (cause).
   Alors qu'il courait (temps).
       when

Attention : Le sujet du gérondif **doit** être aussi celui du verbe principal.

Exemple : Ne pas confondre : "J'ai rencontré Jacqueline en faisant des courses".
   avec : "J'ai rencontré Jacqueline faisant des courses".

Remarques orthographiques

L'orthographe de certains verbes change s'ils sont adjectif verbal ou participe. Une analyse préalable du mot est donc nécessaire.

Exemple : **Fatigant**   Adjectif verbal.
   Fatiguant   Participe présent. Gérondif.

   Convain**cant**   Adjectif verbal.
   Convainquant   Participe présent. Gérondif.

   Diffé**rent**   Adjectif verbal.
   Différant   Participe présent. Gérondif.

EXERCICES

I − Mettez à la forme voulue les infinitifs entre parenthèses :

1) Il a été renversé par une voiture (traverser) le passage clouté.
2) C'était une fillette douce et (obéir), (parler) peu, mais (se proposer) toujours pour rendre service.
3) Cette vendeuse n'est pas très (sourire).
4) Ce n'est pas (broyer du noir) que vous ferez quelque chose de constructif (l. parlé).
5) La pluie (ne pas s'arrêter) de tomber, la voiture s'est embourbée.
6) (Pouffer de rire) les spectateurs regardaient le prestidigitateur sortir une cigarette du nez d'une grosse dame.
7) La neige (fondre) nous sommes partis cueillir des jonquilles.
8) C'est (forger) qu'on devient forgeron.
9) Madame, vous avez été surprise (doubler) dans un tournant.
10) (S'allonger) sur mon lit, je me suis assoupie.
11) (Se reprendre) vous avez enfin pu faire un choix valable.

II − Mettez à la forme voulue les infinitifs entre parenthèses. Attention aux deux orthographes :

1) A l'hôtel ils ont retenu deux chambres (communiquer).
2) (Diverger) de points de vue, ils n'ont pu se mettre d'accord.
3) Cette jeune fille a des attitudes (provoquer).
4) L'orateur (communiquer) sa gaieté, toute la salle riait aux éclats.
5) (Suffoquer) de rage parce qu'on les avait traités de "poulets", les gendarmes ont conduit les garçons au poste dans "le panier à salade" (fam.).
6) Quelle est, en kilomètres, la longueur (équivaloir) à une lieue ?
7) Les réunions politiques (provoquer) des échauffourées ont été interdites par la préfecture.
8) Il fait une chaleur (suffoquer).
9) Passer ses vacances sur une plage à se dorer au soleil, ce n'est pas trop (fatiguer).
10) Ils ne travaillent pas dans la même branche, mais ils ont des trains de vie (équivaloir).
11) La semaine (précéder) elle était alitée avec une angine.
12) Les enfants (fatiguer) leur mère ont été mis à la cantine scolaire.
13) Méfiez-vous d'elle, c'est une fille (intriguer).
14) La journée (précéder) la rentrée des classes est souvent consacrée à l'achat des cartables et des souliers neufs.
15) Ce sont des enfants très (négliger), ils n'essuient jamais leurs pieds avant d'entrer.
16) (Intriguer) auprès du chef du personnel, il a pu obtenir un congé.
17) (Négliger) de prendre un billet plusieurs semaines à l'avance, elle n'a pas eu de place sur le bateau.

18) Après avoir suivi la même filière, ils ont pris des voies (diverger).

III — Remplacez le gérondif par une proposition subordonnée de même sens :

1) En roulant trop vite, tu peux provoquer un accident.
2) En reconnaissant ses torts, elle s'est fait pardonner.
3) En arrivant au sommet, nous étions au-dessus de la mer de nuages.
4) Il a réussi à son examen en ayant bien peu travaillé.
5) Elle a acquis une fortune en faisant des bénéfices sur le dos des autres clients.
6) Elle lave les vitres en écoutant la radio.
7) Continue tes gammes ; en persévérant tu obtiendras de bons résultats.
8) En marchant dans la nuit, nous avons vu une étoile filante.
9) En criant si fort, tu as ameuté tout le quartier.
10) En allant très lentement, la tortue est quand même arrivée avant le lièvre.

IV — Répondez aux questions suivantes, d'abord par un gérondif et ensuite par la proposition subordonnée équivalente :

1) Comment a-t-il pris froid ?
2) Quand a-t-il pris froid ?
3) A quel moment avez-vous rencontré votre camarade ?
4) Dans quelles circonstances avez-vous entendu parler pour la première fois de Camus ?
5) Comment ton ami s'est-il cassé la jambe ?
6) Par quels moyens peut-on faire des progrès en français ?
7) Comment fait-on une quiche Lorraine ?
8) Quand avez-vous appris la démission du gouvernement ?
9) A quelles occasions achetez-vous des fleurs ?
10) Pourquoi a-t-il pris un coup de soleil ?

V — Travail écrit

1) Le mari idéal et la femme idéale.
2) Le conflit des générations : imaginez un dialogue entre un père et son fils sur un point d'actualité.

LES PRONOMS

LES PRONOMS PERSONNELS

Sujet		C.O. direct	C.O. indirect	
Simple	Renforcé		Avant le verbe	Après le verbe
Je	Moi	Me	Me	à moi
Tu	Toi	Te	Te	à toi
Il	Lui	Le	Lui (masc.)	à lui
Elle	Elle	La	Lui (fem.)	à elle
			En, y	
Nous	Nous	Nous	Nous	à nous
Vous	Vous	Vous	Vous	à vous
Ils	Eux	Les	Leur	à eux
Elles	Elles			à elles

Remarque : A l'impératif affirmatif, les pronoms compléments d'objet indirect
"me" et "te" deviennent "moi" et "toi".
On dira : "donne-moi le livre".
"donne-le-moi".
"lève-toi".
par contre on dira : "ne te lève pas".

EXERCICES

I — Mettre le sujet en relief.

Exemple : "Je chante".
"Moi, je chante".
"C'est moi qui chante".

1) Je vous parle à cœur ouvert.
2) Le chien ne dormait que d'un œil.
3) Les absents ont toujours tort.
4) Craindrais-tu le qu'en dira-t-on ?

5) Il sait à quoi s'en tenir.

6) La jeune fille s'est mise sur son trente-et-un pour faire bonne impression (l. parlé).

7) Ne vous endormez pas sur vos lauriers.

8) Fais donc attention : tu as failli être écrasé.

9) Ils ont tiré à la courte paille pour savoir qui aurait un gage.

10) Nous leur avons répondu du tac au tac (l. parlé).

11) Elle a cru bien faire en vous avertissant de la nouvelle.

II — Mettez les verbes entre parenthèses à la personne convenable :

1) Lui et moi (aller — futur) au Canada l'an prochain.

2) Toi et moi (former) une équipe de joyeux lurons.

3) Elle et lui (être brouillés) depuis fort longtemps.

4) Lui et nous (se donner beaucoup de mal — passé composé) pour le dissuader d'agir ainsi.

5) Nous et vous (désirer) en avoir le cœur net.

6) Eux et nous (faire faux bond — passé composé) à nos hôtes.

7) Le censeur et vous (faire) la pluie et le beau temps au lycée.

8) Ma mère et moi (s'être mis) en quatre pour accueillir dignement nos invités.

9) Toi et les enfants, (commencer — impératif) à vous installer dans la voiture ; j'arrive !

10) Mes collègues et moi (avoir décidé) de nous absenter pendant quelques jours.

11) Vous et moi (être persuadé) du bien-fondé de son intervention.

12) C'est merveilleux : ton frère et toi (être) toujours du même avis.

13) (Venir) donc passer la soirée chez nous, ta femme et toi !

14) La foire est arrivée : toi et nous, (pouvoir) aller sur le grand huit.

15) Toi et vous (être d'accord — condit. présent) pour faire une excursion dimanche ?

III — Remplacez le complément par le pronom qui convient :

Ex : "Elle parle sans cesse de ses ennuis. Elle en parle sans cesse".

1) Nous pensons à nos prochaines vacances.

2) Il ne se sert plus de sa bicyclette.

3) Confierez-vous votre enfant à cette personne ?

4) J'ai réfléchi à ce que vous m'avez dit.

5) Prenez-vous du sucre avec votre café ?

6) Elle ne se souvient plus de ses grands-parents.

7) Je ne me rappelle plus la robe que tu portais à cette occasion.

8) Malgré sa colère, il a pardonné à sa fille ses paroles blessantes.

9) Pensez-vous à toutes les personnes qui se sont donné du mal pour vous ?

10) M. Seguin avait attaché sa chèvre à un pieu.

11) Ma mère a fait réparer l'horloge.
12) Elle s'est aperçue trop tard de sa méprise.
13) Nous nous plaignons de nos voisins.
14) Pendant le cours, l'étudiant s'est violemment heurté à son professeur.
15) Il s'efforce à parler le plus clairement possible.
16) J'attends sous peu l'arrivée d'un mandat.
17) Etant donné les événements, il s'attendait au pire.
18) Ne te moque pas de ton travail.
19) Je transmettrai votre demande.
20) Ne connaissez-vous pas cet auteur ?
21) N'achetez pas ce tapis : c'est une imitation.
22) Elle ressemble de plus en plus à sa mère.
23) Elle écrit à son fiancé de venir la voir.
24) Si vous êtes en difficulté, adressez-vous à mon amie.
25) Il a besoin de votre aide.

IV — **Remplacez dans les phrases suivantes les noms compléments par les pronoms convenables et mettez les phrases ainsi obtenues successivement à la forme interrogative, puis négative lorsque c'est possible :**

> Ex : "Elle reprochait à sa bru ses dépenses inconsidérées — Les lui reprochait-elle ? — Elle ne les lui reprochait pas".

1) Elle a donné sa gourmette à sa cousine.
2) Pour leurs noces d'argent, il avait apporté des roses à sa femme.
3) Offre des petits fours à tes voisins.
4) Les enfants ont cueilli ces narcisses pour l'institutrice.
5) Porte ces livres au relieur.
6) J'ai rendu le passe-partout au serrurier.
7) Il amènera sa correspondante anglaise à l'école.
8) Il a présenté sa fiancée à sa famille.
9) J'ai payé ma dette au buraliste.
10) Pour cette soirée, confiez vos enfants à une étudiante.
11) En attendant mon retour, tu réciteras tes leçons à ta sœur.
12) Transmettez mes amitiés à votre marraine.
13) L'agent a proposé à l'aveugle de l'aider à traverser.
14) Pour la Saint-Sylvestre elle avait acheté des huîtres à un marchand de coquillages.
15) Le dessinateur a soumis son projet à l'architecte.
16) Elle prêtait toujours sa raquette de tennis à ses neveux.
17) Le peintre a montré l'ébauche d'une grande toile aux visiteurs.
18) Il a reproché à ses enfants leurs dépenses intempestives.
19) Pierre distribuait les cartes à tous les joueurs.

V — Travail écrit

1) Roman et cinéma ; aimez-vous voir sous forme de film un livre que vous avez lu ? Donnez des exemples.

2) Votre violon d'Ingres.

VI — Répondre en utilisant un pronom au lieu d'un nom :

Ex : "Obéissez-vous à vos parents ?" — "oui je *leur* obéis".

1) "Voulez-vous un peu de bière ?" — oui, ...
2) "Aimez-vous les caramels ?" — oui. . . . .
3) "Avez-vous téléphoné à votre soeur ?" non . . . . .
4) "Souhaitez-vous d'autres explications ?" non. . . . .
5) "As-tu lu la lettre de ton frère ?" non . . . . .
6) "Vos parents ont-ils écouté la retransmission du concert ?"
7) "Le professeur a-t-il rendu les devoirs de mathématiques ?"
8) "Le bûcheron a-t-il coupé tous les arbres de la forêt ?". . . . .

VII — Complétez par EN ou Y, selon le cas :

Ex : "Des villes, j'. . . .ai tant visité ! (EN).

1) Des pauvres, il y. . . . aura toujours.
2) J'ai trouvé ce pays au-dessous de la description qu'on. . . avait faite.
3) Cette récompense, elle . . . a droit.
4) Ce gâteau est trop sucré, je ne veux pas. . . toucher.
5) De ces romans policiers, combien. . . avez-vous lu ?
6) Ce vase est cassé, je vais. . . faire recoller une anse.
7) Des morceaux de sucre, j' . . . mets deux dans mon café.
8) Il m'a écrit quand je n' . . . pensais plus.
9) Il . . . a tant rêvé, de ces paysages.
10) Le temps passe, pensez. . . . . . !

LES PRONOMS RELATIFS

I — Pronoms relatifs simples :

Les pronoms : "qui — que — quoi — dont — où" (lieu) ; (date) sont les plus employés.

Ils peuvent avoir pour antécédent un nom désignant une personne, un animal ou une idée.

Lorsque "qui" est précédé d'une préposition, on aura recours au pronom relatif composé quand l'antécédent est une chose.

"La personne **à qui** je pense . . ."

et : "Les vacances **auxquelles** je pense . . ."

Il est impossible d'employer "dont" après une préposition. On dira, par exemple :

"La rivière **au** bord **de laquelle** nous habitons . . ."

II — Pronoms relatifs composés :

Lequel	Auquel	Duquel
Laquelle	A laquelle	De laquelle
Lesquels	Auxquels	Desquels
Lesquelles	Auxquelles	Desquelles

Ces pronoms sont employés lorsqu'ils sont précédés d'une préposition et que l'antécédent est une chose.

EXERCICES

I — Remplacez le pronom personnel par un pronom relatif :

Ex : "Ce tableau est au-dessus du guéridon ; il a été peint par Corot".

"Ce tableau qui a été peint par Corot, est au-dessus du guéridon".

1) Ce débat était passionnant ; il a été suivi d'un film sur l'objection de conscience.

2) Ce bateau faisait sa première traversée : tu l'as pris pour aller au Maroc.

3) L'ébéniste est tout à fait compétent : je te l'ai recommandé.

4) Cette jeune fille est le professeur de violoncelle de Marie ; elle s'avance vers nous.

5) Ce livre m'a intéressé ; tu y tiens.

6) La clairière était ensoleillée ; nous y avons fait un pique-nique.

7) Le parfum était le n° 5 de Chanel : tu me l'as offert.

8) Ces personnes sont des connaissances de fraîche date : vous avez fait allusion à elles.

9) Ce collier me vient de ma grand-mère ; j'y tiens énormément.

10) Cette garde-malade est très dévouée : vous l'avez fait venir.

11) Ce secrétaire coûte une petite fortune ; nous l'avons vu chez l'antiquaire.

12) Dans le train, la veilleuse empêchait les voyageurs de dormir : elle était restée allumée.

13) La coiffeuse a bien réussi votre mise-en-plis : vous êtes allée chez elle.

14) Les gentianes ont bien pris : tu as essayé de les transplanter dans ton jardin.

II — Remplacez "en" ou l'adjectif possessif par le pronom relatif "dont" :

Ex : "Il a une voiture ; sa carrosserie a besoin d'être repeinte.
Il a une voiture dont la carrosserie a besoin d'être repeinte".

1) J'ai acheté une jupe ; sa couleur est gaie.

2) Le potier a fait une cruche ; sa forme est élégante.

3) Pour la cérémonie, vous comptez mettre ces gants ; leur couleur ne convient pas à votre costume.

4) Vous auriez besoin de prendre quelques jours de repos à la montagne : son climat vous conviendra.

5) Je te montrerai des photos : je t'en ai parlé.

6) Nous n'irons pas voir ce film : son sujet ne nous intéresse guère.

7) Elle déteste sa bru : son caractère la blesse.

8) Il a acheté une guitare : il en avait envie.

9) J'aime les soirées d'été : leur luminosité est douce.

10) Tu as eu du mérite à réussir cet examen : sa difficulté est bien connue.

11) Ne bourrez pas trop votre valise : son poids vous gênerait pour traverser la ville.

12) Passe-moi tes ciseaux : j'en ai besoin (l. parlé).

13) Vous trouvez cette jeune fille charmante : sa gaieté et sa bonne humeur vous séduisent.

14) Il veut aller voir ces nouveaux ballets : il en a entendu parler.

15) Cela m'amuse d'entendre parler les méridionaux : leur accent est chantant.

16) Le peintre veut recommencer son aquarelle ; il n'en est pas satisfait.

17) L'Ile-de-France est une région magnifique ; ses forêts sont immenses.

18) C'est un chef-cuisinier réputé ; son pâté de grive est particulièrement apprécié des gourmets.

19) J'aime ces fleurs : leur finesse est remarquable.

III — **Remplacez l'adjectif possessif par le pronom relatif convenable :
(Attention : la proposition subordonnée est incise).**

> Ex : "Cette maison est à vendre ; sa toiture est en mauvais état".
> "Cette maison, dont la toiture est en mauvais état, est à vendre".

1) Ce poignard a une grande valeur : son manche est ciselé.

2) Cet étudiant réussira certainement : sa capacité de travail est assez rare.

3) Ces petites filles sont des jumelles : leur ressemblance est surprenante.

4) Il a acheté ce fauteuil chez un brocanteur : ses couleurs sont toutes passées.

5) Ce malade est à la dernière extrémité : son pouls et sa tension baissent rapidement.

6) Il me semble que cette mansarde a beaucoup de charme : ses poutres sont apparentes.

7) Ces fleurs sentent merveilleusement bon ; j'ai oublié leur nom.

8) Cette chanson est obsédante : son refrain me revient sans arrêt à l'esprit.

9) Ce clavecin est un merveilleux instrument : nous avons pu apprécier sa sonorité.

10) Ce buisson est tout blanc de fleurs au printemps ; ses baies sont rouges en automne.

11) Savez-vous que les hommes préhistoriques vivaient dans des cavernes ? Leurs traces ont été retrouvées.

12) J'ai cueilli un bouquet de lavande : son odeur parfumera mon linge dans l'armoire.

13) Cette vieille dame va tous les jours chez le vétérinaire : son chien est son unique souci.

IV — **Trouver le pronom relatif convenable :**

1) Voici le portrait de ma cousine pour (. . .) j'ai une grande affection.

2) J'ai vu dans une vitrine des petits vases de porcelaine pour (. . .) je ferais des folies (l. parlé).

3) Sa spontanéité, c'est (. . .) me plait en elle.

4) Peux tu me rappeler le nom de la personne à (. . .) tu parlais tout à l'heure ?

5) Prenez votre carte d'identité, faute de (. . .) on pourrait ne pas accepter un paiement par chèque.

6) Il vient de subir un coup dur pour (. . .) il n'était pas préparé.

7) C'est une maison très gaie avec des fenêtres sur le bord (. . .) il y a des bacs de fleurs.

8) Nous avons acheté un poste de radio (. . .) nous avions envie depuis très longtemps.

9) Qu'il soit une fripouille, c'est (. . .) je suis persuadé.

10) C'est une sale histoire dans (. . .) ont trempé des personnalités politiques.

11) Vous pouvez aller de ma part chez ce docteur en (. . .) j'ai toute confiance.

12) Faire ce déménagement tout seul, ça ne sera pas folichon ! (fam.) ; oui, c'est ce (. . .) je pensais.

13) Il va suivre quelques cours de recyclage, moyennant (. . .) il pourra accéder à un poste plus élevé.

14) Ce n'est pas la première fois (. . .) Henri pose sa candidature à ce poste.

15) Ne laisse pas traîner les objets (. . .) tu tiens.

16) Je te prête ma valise (. . .) tu peux avoir besoin.

17) Vous ne savez pas encore (. . .) vous avez à faire.

18) C'est un petit trou de campagne (. . .) nous allons passer nos vacances chaque année.

19) Voici le genre de discussions (. . .) il aime participer.

20) Je n'irai pas à ce rendez-vous. C'est une heure à (. . .) il m'est impossible de me libérer.

21) Le professeur à (. . .) j'ai demandé des leçons particulières pour mon fils, m'a convoquée cet après-midi.

22) La rue dans (. . . .) j'habite, est très passagère et bruyante.

23) C'est une chanson (. . .) je n'ai jamais pu retenir les paroles.

24) Je suis tombé le jour (. . .) j'ai fait du ski pour la première fois.

25) Les manifestants au milieu (. . .) je t'ai aperçu, envahissaient la chaussée.

26) Parle-moi du pays (. . .) tu as passé ton enfance.

27) Ecoutez ce que je vous dis, après (. . .) vous pourrez parler.

V — Reliez les propositions suivantes par des pronoms relatifs :

1) Il aime sa chambre ; il y a des gravures assez rares sur ses murs.

2) Nous avons visité un château en ruines : du lierre poussait sur ses murailles.

3) Elles ont apporté un parasol sur la plage : elles ont pu se reposer à son ombre.

4) Pour ton anniversaire, tu as reçu une carte postale ; tout le monde a signé au bas.

5) Elle peut s'appuyer sur son père : elle trouve une grande compréhension auprès de lui.

6) Voici l'adresse de l'agence immobilière : vous aviez visité une villa avec son directeur.

7) Le pêcheur se dirigeait vers la rivière : il avait amarré sa barque sur ses bords.

8) A la conférence, nous avons reconnu tes parents : nous nous sommes assis à côté d'eux.

9) Des immeubles ont été construits de chaque côté de l'avenue ; elle a été rétrécie.

10) Ces arbres étaient des cèdres centenaires ; nous nous sommes abrités dessous.

11) Ces gens étaient ses cousins germains ; elle leur avait envoyé ses vœux pour le jour de l'an.

12) Les policiers ont cerné la maison : les cambrioleurs ne s'attendaient pas à leur arrivée.

VI — Travail écrit :

1) Que pensez-vous de la psychanalyse ?

2) Racontez un voyage qui vous a particulièrement intéressé.

LES PRÉPOSITIONS

L'emploi des prépositions étant varié et complexe en français, il est presque impossible de donner des règles générales sur l'utilisation de chacune d'elles.

Les verbes sont fréquemment suivis de prépositions, chacune introduisant une nuance ou même un sens différent.

Ex : "Hésiter"
- **à** partir.
- **dans** ses réponses.
- **sur** le choix de son habitation.
- **entre** deux voitures.
- **en** répondant au professeur.

On peut toutefois souligner quelques constructions très employées:

à

toujours accompagnée d'un accent grave en lettres minuscules.
- **Lieu** : "Je suis **à** Paris". "Je vais **à** Paris" (ville).
- **L'heure** : "Il part **à** huit heures".
- **Attribution** : "Donne ce livre **à** Pierre".
- **Destination** : "Une tasse **à** café".
- **Prix** : "Des pamplemousses **à** 1 F pièce".

de

Possession : "Le livre **de** Claude".
Origine : "Il vient **de** Paris".
Agent : "Il est respecté **de** tous".
Matière : "Un verre **de** cristal".
Prix : "Une robe **de** 200 francs".
Contenu : "Une tasse **de** café".

En

- **Lieu** : "Il est **en** France" (pays).
- **Durée** : "Il est venu **en** trois heures".
- **Matière** : "Un verre **en** cristal".
- **Moyen** : "Il est venu **en** avion".
- **Gérondif** : "**En** arrivant ...".

Dans

    — **Lieu** : "Il s'est perdu **dans** Paris".
    — **Temps** : "Il revient **dans** cinq jours".

Remarque : "En" et "Dans" — Devant un nom déterminé on emploie
plutôt la préposition "dans".
        Ex : "Je vais **dans** la ville où je suis né".
        "Je vais **en** ville".

Par

    — **Agent** : "Il est remplacé **par** un collègue".
    — **Lieu** : "Il est arrivé **par** Lyon" (le lieu par où l'on passe).
    — **Moyen** : "Envoyer une lettre **par** avion".
    — **Unité** : "Une orange **par** personne".

Pour

    — **Destination** : "Partir **pour** Paris".
    — **Durée** : "Partir **pour** huit jours".
    — **But** : "Se soigner **pour** guérir".
    — **Prix** : "Il a eu cette maison **pour** cinq millions".

Sur

    — **Lieu** : "Le vase est **sur** la table".
    — **Age** : "Il va **sur** ses quarante ans".

EXERCICES

I — Trouver la préposition convenable :

    1) Il cherche (. . .) atteindre le but.
    2) Il est difficile (. . .) vous contenter.
    3) Elle est partie (. . .) la Grèce.
    4) Elle est partie (. . .) Grèce.
    5) Elle est partie (. . .) Paris.
    6) Cette hypothèse n'est pas facile (. . .) vérifier.
    7) Ce service ne relève pas (. . .) mes compétences.
    8) Les asperges étant trop chères, je me suis rabattue (. . .) les
artichauts.
    9) Réagissez (. . .) votre tendance (. . .) la dépression.
    10) Il résulte (. . .) notre discussion que tout est (. . .) reprendre.
    11) Ne vous reposez pas (. . .) vos lauriers.
    12) Réconciliez-vous (. . .) votre belle-mère.
    13) Il s'est retranché (. . .) des arguments sans valeur.
    14) Il manque (. . .) patience.
    15) Vous manquez (. . .) tous vos devoirs.
    16) Je penche (. . .) cette dernière solution.

17) Elle y est allée (. . .) sa petite larme (fam.).
18) Elle s'est résignée (. . .) occuper ce poste (. . .) subalterne.
19) Il n'est pas qualifié (. . .) ce genre de recherches.
20) Il n'est pas question (. . .) laisser mon travail (. . .) plan.

II — Même travail :

1) Ils en ont été quittes (. . .) la peur.
2) Elle faisait étalage (. . .) ses connaissances.
3) Soyez vigilant : votre père a trop (. . .)'emprise (. . .) vous.
4) Ce soir-là, elle était (. . .) veine (. . .) confidences.
5) Ne couvez pas trop votre enfant : il est (. . .) taille (. . .) se défendre.
6) La difficulté consiste (. . .) trouver la bonne préposition.
7) Le domaine consiste (. . .) une maison de maître et des communs.
8) Il y avait cent (. . .) cent cinquante personnes (. . .) la salle (. . .) cinéma (. . .) la séance de 21 heures.
9) Les deux frères étaient (. . .) connivence (. . .) leur sœur (. . .) sortir le soir (. . .) l'insu (. . .) leurs parents.
10) Elle est tombée (. . .) la coupe (. . .)'un drôle d'individu.
11) Mettez-vous (. . .) relation (. . .) un éditeur.
12) Il avait jeté son dévolu (. . .) le poste (. . .) gérant (. . .) la coopérative.
13) Ne rejetez pas tout (. . .) le dos (. . .) autres.
14) J'ai toujours gardé une dent (. . .) mon notaire parce qu'il m'a induit (. . .) erreur.
15) L'huissier l'a mis (. . .) demeure (. . .) quitter les lieux (. . .) les plus brefs délais.
16) Je me suis longtemps mordu les doigts (. . .) n'avoir pas su tenir ma langue (. . .) temps voulu (l. parlé).
17) On m'en a dit (. . .) toutes les couleurs (. . .) votre compte (l. parlé).
18) Il n'était pas (. . .) le coup, mais il s'est mis facilement (. . .) le bain (l. parlé).
19) Dimanche, j'irai (. . .) montagne.
20) Il s'est marié (. . .) l'église, (. . .) la plus stricte intimité.

III — Même travail :

1) Avez-vous vu (. . .) la montagne les glaciers étincelants, les pics et les crêtes recouverts (. . .) neige ?
2) Elle est arrivée (. . .) bal, (. . .) robe longue ; (. . .) l'espèce c'était une robe (. . .) organdi.
3) Parlant de Montherlant, le journaliste avait adopté un ton précieux : "Je le connus (. . .) telle année, (. . .) telle situation, (. . .) un lieu agréable. Je ne saurais (. . .) quelque sorte vous en dire plus. C'était (. . .) des temps où les français étaient divisés.

4) Je suis (. . .) la rue depuis hier. J'habitais (. . .) le Quartier Latin, (. . .) le Boulevard Saint-Michel.

5) "Là-haut (. . .) la montagne, était un vieux chalet". (vieille chanson française).

6) Un français (. . .) cent va (. . .) cinéma une fois (. . .) semaine.

7) C'est un peintre (. . .) bâtiment. (. . .) deux heures il a abattu un travail fantastique.

8) Elle va plus souvent (. . .) le coiffeur que (. . .) le dentiste.

9) Sa fille était insolente ; il l'a remise (. . .) sa place.

10) Sa chambre était (. . .) remettre en ordre. Il a remis (. . .) place les étagères (. . .) sa bibliothèque.

11) (. . .) sa salle à manger il y avait une magnifique cheminée (. . .) marbre, polie (. . .) la perfection.

12) J'ai acheté une douzaine (. . .) tasses (. . .) café.

13) Voulez-vous un petit verre (. . .) liqueur ?

14) Sa fille était assise (. . .) un fauteuil ; (. . .) le canapé était posée sa robe (. . .) chambre.

15) Quel but poursuis-tu (. . .) travaillant jour et nuit ? Est-ce (. . .) le dessein (. . .) prendre (. . .) l'avance ou bien (. . .) dessein (. . .) briller devant tes supérieurs ? Je crois plutôt que c'est (. . .) l'intention (. . .) obtenir une augmentation en vue (. . .) t'acheter une grosse cylindrée.

16) (. . .) qui as-tu confiance (. . .) la vie ?

17) Il a été confié (. . .) l'Assistance Publique.

18) Le réfugié politique ne se confiait pas (. . .) hasard, mais (. . .) la justice française.

19) Il s'y connait (. . .) peinture mieux que le conservateur, ceci dit (. . .) parenthèse.

20) Il s'en est fallu (. . .) peu qu'il n'entre en collision (. . .) le camion.

21) J'hésite (. . .) plusieurs alternatives.

22) Il hésitait (. . .) lui demander ce service.

IV — Même travail :

1) On ne trouve pas facilement grâce (. . .) ses yeux.

2) Elle a mis le grappin (. . .) lui (fam.).

3) Nous étions (. . .) mille lieues (. . .) comprendre sa détresse.

4) L'atmosphère est (. . .) l'orage depuis qu'elle est (. . .) couteaux tirés (. . .) son gendre (l. parlé).

5) Il se défendait (. . .) la calomnie mais il ne se défendait pas (. . .) avoir été tenté (. . .) commettre une indélicatesse.

6) Diderot fut longtemps (. . .) correspondance (. . .) Catherine II de Russie.

7) Quel âge a votre enfant ? Il va (. . .) ses quatre ans.

8) Nous nous sommes cassé la tête (. . .) cette énigme.

9) Il était (. . .) bout de nerfs et m'en a dit des vertes et des pas mûres (fam.)

10) Ma mère n'est plus (. . .) âge (. . .) grimper (. . .) une échelle.

11) Il est toujours en bisbille (. . .) ses voisins à propos de riens (l. parlé).

12) Vous êtes (. . .) beaucoup (. . .) sa réussite.

13) Il a hésité longtemps (. . .) le choix d'une profession.

14) Je suis encore (. . .) le coup de notre prise (. . .) bec d'hier (l. parlé).

15) Elle n'a que faire (. . .) votre sollicitude.

16) Il est très bien élevé : il ne se permettrait jamais une familiarité (. . .) quiconque.

17) Je me fais une fête (. . .) vous revoir (. . .) quelques jours.

18) Il s'arrange (. . .) ne pas prêter le flanc (. . .) la critique.

19) Je me fais fort (. . .) avoir la franchise (. . .) mettre cartes (. . .) table.

20) Ils se sont rencontrés (. . .) la représentation (. . .) Parsifal au Festival d'Orange.

V − Même travail :

1) (. . .) mon enfance, j'ai vécu des jours heureux.

2) Il a fait le trajet (. . .) trois heures, après quoi il est entré (. . .) la ville.

3) J'habite (. . .) Avignon, (. . .) le Vaucluse, (. . .) France.

4) L'accident s'est produit (. . .) pleine rue.

5) Il reviendra (. . .) deux jours.

6) Je l'ai rencontré (. . .) la rue.

7) Il faut mettre (. . .) terre les oignons de jacinthe (. . .) automne, au plus tard, (. . .) Novembre.

8) Ça va chercher (. . .) les mille francs. (fam.)

9) Vous avez l'air (. . .) avoir des projets (. . .) tête.

10) Au printemps, il y a des jonquilles (. . .) les prés.

11) Il fait une telle chaleur qu'on se croirait (. . .) enfer.

12) Il habite (. . .) Paris et non (. . .) Toulouse. Et (. . .) Paris, c'est rue Lepic qu'il habite.

13) Au Musée de Grenoble, on voit plusieurs portraits (. . .) pied : des soldats, casque (. . .) tête et un Jésus (. . .) Croix.

14) (. . .) l'absence du chat, les souris dansent.

15) Il s'est mis (. . .) son trente et un (. . .) l'honneur (. . .) sa fiancée (l. parlé).

16) (. . .) l'espace de quelques semaines, la campagne a reverdi.

17) Elle avait remis sa maison (. . .) état, (. . .) deux jours.

18) Il n'y a pas péril (. . .) la demeure.

19) (. . .) à votre procuration, je signe (. . .) mon nom et (. . .) vôtre.

20) Le tremblement (. . .) terre (. . .) 'Agadir a eu lieu (. . .) 1960.
J'en mettrais ma main (. . .) feu (fam.).
21) Il a fini (. . .) comprendre son erreur.
22) La fête a fini (. . .) beauté.
23) La fermière a fini (. . .) traire la vache.
24) Adressez-vous (. . .) qui (. . .) droit.

VI — Travail écrit

1) La peinture abstraite. On entend souvent dire : "J'en ferais autant".
Qu'en pensez-vous ?
2) Quel est votre sport préféré ?

VII — Trouvez la préposition qui convient :

1) Je vais. . . les Alpes. . . faire du ski.
2) Il est allé . . . ville . . . bicyclette.
3) Elle fait . . . l'escalade . . . ses risques et périls.
4) . . . force . . . mentir, il ne se fait plus respecter . . . personne
5) Il connait sa grammaire . . . A . . . Z.
6) Elle est restée . . . Toronto . . . Canada . . . six ans.
7) . . . accident, nous arriverons . . . l'heure . . . la gare.
8) L'étudiant a échoué. . . l'examen et a cédé . . . découragement.
9) Il est rentré . . . voyage . . . avion.
10) Tout le monde veut aller . . . bord . . . la mer, mais très peu de gens
. . . la campagne.

STYLE DIRECT - STYLE INDIRECT

DEFINITIONS

Le style direct reproduit les propos tels qu'ils ont été formulés.

Le style indirect rapporte le contenu de propos introduits par un verbe principal.

Le passage du style direct au style indirect entraîne des **changements** importants :

1 — LA PONCTUATION

Il demande à sa fille : "Quelle heure est-il ?"
Il demande à sa fille quelle heure il est.

2 — L'ORDRE DES MOTS

"Comment allez-vous ?" demande-t-elle à son voisin.
Elle demande à son voisin comment il va.

3 — LES PRONOMS PERSONNELS

Mon mari me dit : "Je suis arrivé à midi et tu n'étais pas là".
Mon mari me dit qu'**il** est arrivé à midi et que **je** n'étais pas là.

4 — LES ADJECTIFS POSSESSIFS — PRONOMS POSSESSIFS

L'élève dit à sa voisine : "Je vais me servir de **ton** livre, j'ai oublié **le mien**".
L'élève dit à sa voisine qu'il va se servir de **son** livre, qu'il a oublié **le sien**.

5 — CERTAINS MOTS

hier	devient	la veille
avant-hier	"	l'avant-veille
demain	"	le lendemain
après-demain	"	le surlendemain
aujourd'hui	"	ce jour là
ceci	"	cela
ici	"	là
jusqu'ici	"	jusque-là
comme	"	combien

6 — LA FORME DE L'INTERROGATION

— Si l'interrogation porte sur le verbe :
introduction de si au style indirect
Ex : La fleuriste demande à son livreur : "As-tu porté la gerbe de glaïeuls ?"
La fleuriste demande à son livreur s'il a porté la gerbe de glaïeuls.

— "que" devient "ce que"
Ex : "Que me reproche-t-on ?"
Je me demande ce qu'on me reproche

— Pas de changement avec les autres mots interrogatifs (pourquoi, comment, combien, quel, qui . . .)
— Ex : Le professeur nous demande : "Pourquoi arrivez-vous si tard ?".
Le professeur nous demande pourquoi nous arrivons si tard.

7 — LE CHANGEMENT DE TEMPS ET DE MODES (très important)

a) Si le verbe introductif est au présent, il n'y a pas de changement dans le passage du style direct au style indirect, sauf si le verbe est à l'impératif :

Ex : Il crie : "Viens tout de suite ! ".
Il crie qu'il vienne tout de suite (subjonctif).
— de venir tout de suite (infinitif).

b) Si le verbe introductif est au **passé** :

Verbe introductif au passé

Présent ⟶ Imparfait :

    Il disait : "Tu es jolie"
    Il disait qu'elle était jolie.

Imparfait ⟶ Imparfait :

    Il a dit : "Tu étais bien jolie hier ! "
    Il a dit qu'elle était bien jolie la veille.

Passé simple ⟶ Passé simple :

    Il pensa : "Ce fut une belle soirée".
    Il pensa que ce fut une belle soirée.

Passé composé ⟶ Plus-que-parfait :

    Il a crié : "J'ai réussi à mon examen".
    Il a crié qu'il avait réussi à son examen.

Futur ⟶ Conditionnel présent :

    Il a demandé à son ami : "Pourras-tu être mon témoin à mon mariage ?"
    Il a demandé à son ami s'il pourrait être son témoin à son mariage.

Futur antérieur ⟶ Conditionnel passé :

    L'employé déclara : "J'aurai fini mon travail avant deux jours".
    L'employé déclara qu'il aurait fini son travail avant deux jours.

EXERCICES

I — Mettre au style indirect :

1) Qu'allez-vous faire cet après-midi ?" demanda-t-il à son collègue.
2) "Comme elle a l'air fatiguée et combien elle doit avoir besoin de repos ! " pensions-nous pendant qu'elle nous parlait.
3) "Etes-vous contente de votre machine à coudre et l'avez-vous payée cher ?" m'a demandé mon amie.
4) "Que penses-tu de l'émission de télévision de jeudi soir ?" Je voudrais le savoir.
5) "M'accompagneras-tu au cinéma demain ?" lui a demandé son frère.
6) Il a annoncé à sa mère : "J'ai trouvé chaussure à mon pied".
7) Dans son discours au personnel, le directeur a confirmé : "N'ayez aucune crainte, vous aurez tous une augmentation de 3 %, d'ici deux mois".

8) Après plusieurs heures d'interrogatoire,l'inculpé est passé aux aveux : "C'est moi qui ai maquillé l'immatriculation de la voiture". (l. parlé).

9) L'employé de mairie m'a affirmé : "Vous recevrez votre certificat sous huitaine, je n'ai plus qu'à le faire tamponner et signer par le maire".

10) A maintes reprises l'avocat répétait aux jurés : "Mon client a des circonstances atténuantes, tenez-en compte je vous prie".

11) Sa mère cherchait à savoir : "T'es-tu lavé les mains ?"

12) J'ai tenu à lui demander : "Seriez-vous allée à la soirée sans la permission de votre mère ?".

II — Mettre au style direct :

1) Il se demandait s'il fallait maintenir les traditions familiales et si on pouvait envisager d'autres cadres pour l'éducation des enfants.

2) Rousseau se demandait si les hommes primitifs n'étaient pas bons, libres et heureux.

3) En arrivant au milieu de la conversation, elle eut de la peine à comprendre ce dont ses amis parlaient.

4) Il demanda à son fils de lui expliquer à quoi il consacrait ses soirées.

5) Il l'interrogea sur ce qu'il fallait faire en cas d'incendie et demanda qui l'on devait prévenir.

6) Il l'a priée de lui dire avec qui elle irait au restaurant le dimanche suivant.

7) Il leur demanda s'ils arrivaient à joindre les deux bouts.

8) Personne ne savait d'où venaient ces bruits calomnieux et qui avait pu les propager.

9) Il écrit à ses parents qu'ils viennent le chercher sans tarder ou sinon qu'ils lui téléphonent.

10) Elle conseillait à son amie de lui confier ce qui la préoccupait la veille.

11) Chantal ne savait si Gérard aimerait qu'on lui offre des patins pour son anniversaire.

III — Posez des questions correspondant aux phrases suivantes :

1) Cette casserole est **en** cuivre.

2) Paul est sorti **avec** ses amis.

3) Elle brode un napperon **pour** sa mère.

4) Vous écrirez **à** vos parents.

5) Il loge **chez** ma belle-sœur.

6) Il est mort **d'**épuisement.

7) Le poêle est installé **contre** la cloison.

8) J'ai obtenu ce poste **grâce à** un ami qui a le bras long (fam.).

9) Il s'est prononcé **en faveur de** l'abolition de la peine de mort.

10) Vous allez **au-devant de** grandes difficultés.

11) Ils arriveront **aux environs de** deux heures.

12) Sophie ne veut pas se montrer indiscrète **vis-à-vis** de ses voisins.

13) Nous plaçons l'esprit pratique **au-dessus de** la culture livresque.

14) Au cinéma, j'étais placé **derrière** mon percepteur.

IV — **Posez toutes les questions possibles à partir des phrases suivantes :**

1) Depuis huit jours, il pleut à torrent à la grande joie des paysans qui trouvaient la terre trop sèche pour que le blé puisse pousser.

2) Jérôme a été malade, parce qu'il a pris froid en sortant de bon matin, et qu'il a dû patauger longtemps dans la neige pour déblayer son garage.

3) Si ma tante se sentait agitée, elle demandait sa tisane et c'était moi qui étais chargé de faire tomber du sac de pharmacie dans une assiette la quantité de tilleul qu'il fallait mettre ensuite dans l'eau bouillante (Proust).

4) Je vais préparer dans ma cocotte-minute un pot-au-feu parce qu'il y a longtemps que nous n'en avons pas mangé, que le bœuf n'est pas trop cher en ce moment et pour utiliser les navets et les carottes que j'ai dans mon réfrigérateur depuis quelques jours.

5) Yves a acheté à la Salle des Ventes pour une bouchée de pain, une table en noyer. Il l'a installée dans son appartement il y a quelques jours et elle lui sert de bureau.

V — **Travail écrit :**

1) Un dialogue chez le coiffeur ou au marché.

2) Une conversation téléphonique.

3) Un quiproquo.

CONCORDANCE DES TEMPS

Verbe principal   **Verbe subordonné**

Présent ⎫   Simultanéité ⎯⎯→ Subjonctif présent: Je doute qu'il vienne
         ⎬   Postériorité   (aujourd'hui ou demain).
Impératif ⎬
         ⎭   Antériorité ⎯⎯→ Subjonctif passé: Je regrette qu'il soit
Futur   parti sans prévenir.

                          Simultanéité ⎯→ **Subjonctif imparfait**
                          Postériorité
                                           ⎳⎯→ Subjonctif présent (fran-
Imparfait   çais parlé).
Passé composé   Je doutais qu'il arrivât si tôt
Passé simple   qu'il arrive si tôt.
Plus-que-parfait
Passé antérieur   Antériorité ⎯⎯→ **Subjonctif plus-que-parfait**
Conditionnel
                                           ⎳⎯→ Subjonctif passé (fran-
                                                    çais parlé).
                                  Il semblait qu'il eût compris la vérité
                                           qu'il ait compris la vérité.

EXPRESSION DU TEMPS

On peut exprimer les rapports de temps d'une manière très variée en français.

I – PAR DES CONJONCTIONS

Antériorité	Simultanéité	Postériorité
1) avec le subjonctif	**avec l'indicatif**	**avec l'indicatif**
avant que (ne)	quand – lorsque	après que
en attendant que	alors que	dès que
jusqu'à ce que	au moment où	aussitôt que
d'ici à ce que	pendant que	sitôt que
du plus loin que	tandis que	une fois. que
	en même temps que	etc.
2) avec l'indicatif	aussi longtemps que, tant que	
	maintenant que	
avant le moment où	à mesure que	
jusqu'au moment où	au fur et à mesure que	
en attendant le mo-	chaque fois que	
ment où	toutes les fois que	
depuis que	comme (en tête de phrase) etc.	

En somme on trouve **l'indicatif** dans toutes les propositions conjonctives de temps, sauf après : "avant que – en attendant que – jusqu'à ce que – d'ici à ce que –".

II – PAR DES ADVERBES DE TEMPS :

Alors – après – aujourd'hui – auparavant – aussitôt – autrefois – avant – bientôt – depuis – désormais – dorénavant – ensuite – d'ici-là – entre-temps – jadis – jamais – longtemps – lors – maintenant – naguère – parfois – quelquefois – sitôt – soudain – souvent – tantôt – toujours – tout de suite – dans la suite – par la suite – tout à coup – à l'instant – à jamais – à présent – de temps en temps – tout le temps – jusque là – sur le champ – tout à l'heure etc.

III — PAR CERTAINES EXPRESSIONS MARQUANT DES RAPPORTS DE DUREE :

a) Depuis — pour — pendant — après — une fois par ... — il y a ... etc.

Note : Bien distinguer :
Il est parti depuis 2 jours.
Il est parti il y a 2 jours.
Il est parti pendant 2 jours.
Il est parti pour 2 jours.

b) **Préposition + infinitif :**

Avant de — après (+ infinitif passé) — en attendant de — jusqu'au moment de — sans attendre de ...

c) **Préposition + nom :**

Après — avant — pendant — au cours de.

IV — PAR DES PARTICIPES PASSES, PARTICIPES PRESENTS OU GERONDIFS :

Ex : "Le déjeuner terminé, ils plièrent leurs serviettes".
"En faisant la vaisselle, elle chante".

V — PAR DES VERBES

a) **Certains verbes comportent l'idée de temps :**

Ex : attendre que + subjonctif.

b) **Certains verbes sont directement construits avec un complément circonstanciel de temps :**

Ex : Rester huit jours à la campagne.
Demeurer trois heures sans bouger.
Passer une semaine au bord de la mer.
Marcher une demi-heure dans la salle des Pas Perdus.
Finir son mois.
Perdre son temps — Perdre 8 jours à ...
Gagner quelques minutes.

Attention aux constructions internes de certains verbes :

Ex : Vivre sa vie.
   Mourir de sa belle mort.
   Dormir son dernier sommeil.

EXERCICES

I — Mettre aux temps convenables :

1) Pendant que tu (choisir) un pantalon, je vais regarder les cravates.
2) En attendant que la petite fille (savoir) jouer "La Sonate au Clair de Lune", il faut qu'elle s'exerce à faire des gammes.
3) Dès que le boulanger (sortir) le pain du four, une odeur appétissante remplit le magasin.
4) Le professeur rabâche les mêmes explications jusqu'à ce que tous les élèves (avoir compris) (l. parlé).
5) Dites-lui vite une parole gentille avant qu'il n'(avoir) de la peine.
6) Toutes les fois que je (aller) chez le coiffeur, j'en profite pour lire des magazines.
7) Maintenant que je (être sûr) de ne pas avoir fait fausse route, j'envisage l'avenir avec sérénité.
8) Pendant que le garagiste (réparer) notre voiture, nous en avons profité pour visiter la ville à pied.
9) En attendant que tu (lire) ce roman, nous en prêterons un autre à mon amie.
10) Dès que tu (lire) ce roman, nous le passerons à mon amie (l. parlé).
11) Alors que vous ne vous en (douter) pas, je vous préparais en secret un cadeau pour votre anniversaire.
12) Avant que vous ne (téléphoner) à votre associé, il faut que je vous mette au courant des dernières nouvelles.
13) En attendant que nous (pouvoir) faire des projets de vacances pour l'été prochain, nous pouvons toujours rêver sur les photos de l'an dernier.
14) Tant que je ne (connaître) pas le diagnostic du médecin et son verdict, je serai dans les transes (l. parlé).
15) Tandis qu'elle (raccommoder) les chaussettes de ses enfants, elle déplorait leur manque de soin.
16) Les arbres seront dénudés jusqu'à ce que le printemps (revenir) et que les bourgeons (apparaître).
17) Il passera de l'eau sous les ponts avant qu'ils (pouvoir) déménager.
18) Alors que le maçon (finir) les réparations dans son appartement, il posait lui-même l'électricité.
19) Je vous parlerai de la peinture hollandaise jusqu'à ce que vous (savoir) la comprendre et l'apprécier.

20) Maintenant que je (comprendre) que sa froideur n'était que de la timidité, je le trouve beaucoup plus sympathique.

21) Du plus loin que je (se souvenir), je revois la tapisserie de ma chambre d'enfant.

II — Répondez aux questions suivantes :

1) Quand avez-vous commencé à étudier le français ?

2) Combien de temps avez-vous mis pour apprendre à nager ?

3) Jusqu'à quand pensez-vous rester en France ?

4) Depuis combien d'années songiez-vous à ce voyage ?

5) Après quel événement, avez-vous compris que la vie n'était pas toujours rose ? (fam.).

6) Jusqu'à quel âge peut-on dire d'un homme que c'est (un jeune homme ? (un homme jeune ?

7) A quelle heure passe le film ?

8) Depuis quelle heure attendez-vous votre amie ?

9) Vers quelle heure doit-il aller vous voir ?

10) Pendant combien de jours avez-vous été malade ?

11) Depuis combien de temps avez-vous cette bronchite ?

12) Depuis quand toussez-vous ?

13) Pendant combien de temps dois-je faire cette série de piqûres ?

14) Quand avez-vous vu votre mère pour la dernière fois ?

15) Il y a combien de jours que vous ne l'avez pas vue ?

16) Avant quelle date faut-il envoyer mon tiers provisionnel ?

17) Au cours de quel spectacle y a-t-il eu une panne de lumière ?

18) A quel moment du film cet incident est-il arrivé ?

19) Jusqu'à quelle date peut-on s'inscrire au Club Alpin ?

20) Quel est le dernier délai pour la révision des listes électorales ?

21) Il y a combien de jours qu'il s'est installé chez vous ?

22) De combien de temps disposez-vous pour terminer votre aquarelle ?

23) Pour combien de jours partez-vous ?

24) Pendant combien de jours êtes-vous partis ?

25) Depuis quand et jusqu'à quand aurons-nous des vacances ?

26) Vers quelle époque pensez-vous prendre votre retraite ?

27) De quelle heure à quelle heure sont fermés généralement les magasins en France ?

28) En combien de temps avez-vous fait l'aller-retour Paris-New-York ?

29) Après quelle heure est-il impoli de téléphoner à quelqu'un ?

30) Depuis quelle heure êtes-vous levé ?

31) D'ici combien de temps pensez-vous avoir fini ce travail ?

32) En combien de temps pensez-vous le faire ?

III — Posez des questions correspondant aux réponses ci-dessous :

- Il y a 2 ans.
- Depuis 2 ans.
- Pour 2 ans.
- Pendant 2 ans.
- Après 2 ans.
- Du 14 au 17 janvier.
- Du matin au soir.
- Au cours de mes vacances.
- Pendant des mois.
- Pas un seul instant.
- Une quarantaine de minutes.
- Quand j'aurai reçu une lettre de mes parents.
- Jamais.
- Toute ma vie.
- Une fois par an.
- Une fois tous les deux ans.
- Jusqu'à 20 heures.
- De toute la nuit.
- Entre midi et deux heures.
- Les dimanches et jours fériés.
- Les jours ouvrables.
- Trois fois par semaine.
- Tous les dimanches.
- Très rarement.
- Fréquemment.
- Environ trois heures.
- Vers trois heures.

IV — Utilisez les expressions suivantes dans des phrases de votre choix :

- Près de trois heures.
- A peu près pendant trois heures.
- Guère plus de trois heures.
- Il y a très longtemps.
- Récemment.
- Juste avant de partir.
- Toute la soirée.
- Trois jours après.
- Trois jours avant.
- Trois jours plus tard.
- Avant trois jours.
- D'ici trois jours.
- Par retour du courrier.
- Dans les plus brefs délais.
- Pas avant trois jours.

- Pas plus tard qu'hier.
- Tout de suite.
- En deux jours.
- Plusieurs mois.
- Cinq heures.
- En un clin d'œil.
- En un tournemain.
- Séance tenante.
- Il y a belle lurette (fam.).
- Dare dare (fam.).
- Sous peu.
- Sans cesse, sans arrêt.
- A tout propos, en toute occasion.
- En toutes circonstances.
- A tout bout de champ.

V — Complétez les phrases suivantes de toutes les façons possibles :

1) Il faisait beau (. . .) le ciel se couvrit de gros nuages et il se mit à pleuvoir.
2) (. . .) elle termine le repas, les enfants mettent le couvert.
3) Son mari lui apporte un bouquet d'anémones ou de soucis (. . .).
4) (. . .) le visiteur eut-il compris sa méprise, qu'il bredouilla quelques mots.
5) (. . .) le feu sera vert, le flot des voitures pourra passer.
6) J'avais (. . .) terminé mon travail, lorsque l'émission de télévision a commencé.
7) (. . .) d'aller à cette soirée, je tiens à aller chez le coiffeur.
8) Restez-là (. . .) ce qu'on vienne vous chercher.
9) (. . .) mon arrivée, il n'a pas cessé de pleuvoir.
10) (. . .) mon séjour à Paris, il a fait beau tous les jours.
11) (. . .) avoir vu ce film, elle aimait de plus en plus les paysages méditerranéens.
12) (. . .) je serai là, tu n'auras pas de souci à te faire pour le vivre et le couvert.
13) (. . .) il viendra et (. . .) il verra que le travail n'a pas été fait correctement, il se fâchera tout rouge.
14) (. . .) vous soyez en âge de lire les Fables de la Fontaine, disait l'institutrice à ses élèves, je vais vous raconter les mésaventures du corbeau flatté par le renard.
15) (. . .) que le ballet se déroulait, on se rendait compte du rythme que les danseurs pouvaient soutenir.
16) (. . .) nous avons étudié l'art Roman, nous désirons beaucoup voir l'église fortifiée des Saintes Maries de la Mer, en Camargue.
17) Ne prenez pas de décision irréversible (. . .) vous ne serez pas à même de juger les événements avec un certain recul.

18) (. . .) tu as atteint ta majorité, il faut absolument que tu prennes du plomb dans la cervelle.

19) (. . .) on l'eut appelé, le médecin accourut au chevet du malade.

20) (. . .) je vivrai, je reverrai le visage de ma grand-mère.

VI — Même exercice :

1) Le robinet d'eau chaude a coulé (. . .).

2) J'ai vu "Hiroshima mon amour" d'Alain Resnais (. . .) au moins cinq ans.

3) La visite du Musée de Peinture n'a (. . .) duré (. . .) de deux heures.

4) Le peintre a mis (. . .) pour retapisser la salle à manger.

5) Répondez à ma lettre (. . .).

6) Le boulanger fait cuire des croissants et des brioches (. . .).

7) Ce roman m'a tellement passionné que je l'ai lu (. . .) 2 jours.

8) Les banques sont fermées les (. . .).

9) Les grands magasins sont ouverts (. . .) 22 heures.

10) (. . .) quelques jours, il sera fixé sur l'issue de sa démarche.

11) (. . .) plusieurs jours, il marche avec des béquilles, car il s'est fait une entorse à la cheville.

12) (. . .) de longs jours, le brouillard n'a pas quitté la vallée et le plafond est resté très bas.

13) Elle a eu une opération (. . .) 3 heures. Mais une semaine (. . .) elle quittait la clinique.

14) La Comédie Française jouera "Le Malade Imaginaire" de Molière (. . .) 15 (. . .) 20 janvier, (. . .) matinée et (. . .) soirée.

15) Un manœuvre travaille (. . .) matin (. . .) soir pour un salaire de misère.

16) Il va partir aux Etats-Unis (. . .) un an.

17) (. . .) de mon séjour en Allemagne, j'ai appris à aimer la bière.

18) (. . .) je n'ai pensé que vous pourriez vous faire du souci à mon sujet.

19) Elle a acheté ce bahut normand et ce vaisselier (. . .) fort longtemps.

20) Avec cette recette, vous pouvez faire un délicieux gâteau (. . .).

21) Le dessin animé n'a duré qu'(. . .) de minutes.

22) Revenez (. . .) quelques jours : votre dossier sera prêt.

23) (. . .) de se coucher, les personnes âgées boivent souvent une infusion de tilleul.

24) (. . .) sa chute en ski de l'an dernier, il ose à peine remonter sur des planches (fam.).

25) M'attends-tu depuis longtemps ? Non, (. . .) quelques minutes seulement.

VII – Expliquez les expressions suivantes et employez-les dans d'autres phrases :

1) Il aime beaucoup faire des mots croisés et chercher **midi à quatorze heures** pour trouver quelque chose de simple.
2) Quand reviendrez-vous me voir ? **A la Saint-Glinglin** (fam.).
3) Il se demande ce qu'elle peut bien faire **toute la sainte journée** (de toute la journée).
4) C'est un vrai clochard. Il est inscrit au chômage du **31 décembre à la Saint-Sylvestre.**
5) Personne ne sait quand il se décidera à payer ses dettes : c'est toujours renvoyé **aux calendes grecques** ! ! !
6) Ils ont un budget très serré : il leur faut vivre **au jour le jour** pour pouvoir s'en sortir (fam.).
7) C'est une amitié **de longue date.**
8) **Sur le moment,** je ne me suis pas rendu compte de ce que vous vouliez dire. C'est **après coup,** que j'ai compris les allusions que vous faisiez.
9) Tu as fait une grosse tache sur ton manteau. J'ai essayé de la nettoyer : il reste encore quelques traces, mais elle partira **à la longue.**
10) S'il continue ainsi, son entreprise sera coulée (fam.) **à brève échéance.**
11) C'est une connaissance **de fraîche date.**

VIII – Faites des phrases dans lesquelles vous emploierez les conjonctions de temps, les adverbes, et les expressions cités en tête de chapitre, afin de bien en distinguer les sens respectifs.

IX – Travail écrit :

1) En pensant à ce que vous étiez il y a 5 ans, pouvez-vous déceler quels sont les éléments de votre personnalité qui ont changé ?
2) La peine de mort.

L'EXPRESSION DE LA PENSÉE

I — VERBES D'OPINION ET D'AFFIRMATION

La langue française dispose d'un grand nombre de verbes d'opinion, chacun exprimant une nuance différente.

Déclarer, avertir, penser, parier, croire, présumer, être d'avis, estimer, juger, prévenir, savoir, affirmer, prétendre, dire, assurer, attester, certifier, avancer, soutenir, garantir, répondre, promettre, protester, jurer, confirmer, prouver, admettre, annoncer, concevoir, se douter que, se rendre compte que.

On peut y ajouter les expressions de la certitude :

être sûr, être assuré, être certain.
il est hors de doute que, il est indéniable que, il est incontestable que, il est indiscutable que, il est probable que.

1) A la forme affirmative ces verbes sont le plus souvent suivis de l'indicatif.

Ex : il soutient que son point de vue est inattaquable.

2) A la forme interrogative la plupart de ces verbes sont suivis du subjonctif.

Ex : Tu crois qu'il est parti.
Crois-tu qu'il *soit* parti ?

3) A la forme négative ces verbes sont généralement suivis du subjonctif.

Ex : Je ne crois pas *qu'il soit arrivé.*

Mais attention, dans le français parlé, l'indicatif tend de plus en plus à remplacer le subjonctif.

Remarque

La construction simple :

Je crois qu'il fera beau, peut être retournée. Dans ce cas le subjonctif est obligatoire : Qu'il fasse beau dimanche, je le crois.

II — VERBES DE DOUTE

Douter, nier, contester, démentir.

Il est douteux que .   Il est contestable que .
                                        de batable, questionable
Il est possible que .   Il est peu probable que .
Il semble que .   Il est discutable que .

                                        Rien n'est moins sûr (précédé d'une affir-
                                        mation douteuse) .

Ces verbes sont toujours suivis du subjonctif.

EXERCICES

I — Prenez un des verbes d'opinion en variant les temps et les personnes,à la forme affirmative, pour utiliser les formules suivantes :

> Ex : Faire fortune.
> Nous pensons qu'il a fait fortune.

1) N'en faire qu'à sa tête. *to have one's way*
2) Croire au Père Noël. (l. parlé) *être très naïf*
3) Dormir comme une marmotte. *to sleep like a baby*
4) L'avoir échappé belle. (l. parlé)
5) Faire des siennes. *to be up to tricks*
6) Se fâcher tout de bon.
7) Prendre la clé des champs. (l. parlé) *to decamp; abscond*
8) Parler à cœur ouvert.
9) Savoir sa leçon par cœur.
10) Faire danser l'anse du panier. *to make dishonest profits*
11) Avoir affaire à moi. *you have to deal w/ me (= to me you have to explain)*

II — Mettre les phrases suivantes à la forme interrogative :

1) Il croit qu'elle a pris le voile.
2) Vous affirmez qu'elle en prend à son aise.
3) Elle est d'avis qu'il faut tenir parole.
4) Le comptable est sûr que son bilan de fin d'année est correct.
5) Il prétend que vous avez un poil dans la main (très fam.).
6) Tu soutiens qu'il a raison.
7) Il juge qu'elle peut pratiquer ce sport.
8) Vous me garantissez que ces bottes sont de bonne qualité.
9) Tu es certain qu'ils ont compris ce que j'ai expliqué.
10) Vous êtes sûres qu'ils ont acheté le journal.
11) Il est hors de doute qu'ils font bande à part.

III — Mettez les phrases suivantes à la forme négative :
> (Attention aux modes)

1) Je présume que vous irez à la mairie les yeux fermés.
2) Le locataire promet que l'appartement a été laissé en parfait état.

3) L'antiquaire se rend compte qu'elle a fait une mauvaise affaire.
4) Je pense que vous allez vous mettre en colère.
5) L'avocat avançait que son client avait un alibi.
6) Le procureur admit que c'était vrai.
7) Un témoin déclara sur ces entrefaites qu'il pouvait confirmer ces dires.
8) Cela prouvait que l'inculpé était innocent.
9) Il conçoit que vous avez d'autres chats à fouetter (famil.).
10) J'imagine qu'ils se sont regardés en chiens de faïence.
11) Elle se doutait qu'il avait fait une gaffe.

IV — Attention au mode dans la construction suivante :

> Ex : Je suis certain que vous travaillez
> Que vous travailliez, j'en suis certain.

Sur ce modèle adaptez les phrases suivantes:

1) Elle est persuadée que c'est un bon médecin.
2) Je pense qu'il est trop tard pour revenir en arrière. *je le pense* *il en est certain*
3) Il est certain que les femmes sont plus intuitives que les hommes.
4) Nous sommes convaincus que vous êtes un excellent parti.
5) Je soutiens que vous jetez de l'huile sur le feu. *(empêter une querelle)*
6) Je parie que vous allez vous en mordre les doigts. *(aller le regretter)*
7) Le promoteur prétend que ce jeu n'en vaut pas la chandelle. *(ça ne vaut pas la peine)*
8) Le romancier estime que cette intrigue est un peu tirée par les cheveux. *(un peu incroyable, stretched . t)*

V — Mettez les verbes entre parenthèses au mode voulu après avoir mis le verbe de doute successivement à la forme affirmative, interrogative puis négative:

1) Je doute qu'on vous (avoir reçu à bras ouverts).
2) Elle nie qu'elle (pouvoir) mener son mari par le bout du nez (famil.).
3) Vous contestez que j' (avoir bon pied, bon œil).
4) Nous démentons que cette nouvelle (être vrai).
5) Il est douteux qu'il (être le dindon de la farce).
6) Il semble qu'il (mettre de l'eau dans son vin). (famil.)
7) Il est peu probable qu'avec son caractère elle (obéir au doigt et à l'œil) à son mari. (famil.)
8) Il est discutable que l'imparfait du subjonctif (être très employé) par les Français de nos jours.
9) Il est possible que la Première de cette pièce de théâtre (être un four). (fam.).
10) Il est contestable que vous (avoir hérité) les qualités de votre père.

VI — Travail écrit:

1) Vous êtes avocat et vous devez plaider en faveur d'un criminel. Imaginez la plaidoirie.
2) A quels sentiments fait appel la publicité ?

L'EXPRESSION DES SENTIMENTS

Pour exprimer, la joie, la peine et différents sentiments, non seulement le français a, à sa disposition une terminologie variée, mais dans la structure de la phrase il peut utiliser diverses constructions.

Nous donnons ci-dessous des structures courantes de ces expressions, en particulier des verbes suivis généralement du subjonctif ou de l'infinitif.

I – CONSTRUCTION DES VERBES DE SENTIMENT

1) Joie – Plaisir

Etre heureux que	Etre content que	Etre ravi que
-- de	-- de	-- de

Se réjouir que (ou de)   se féliciter que (ou de)...

2) Surprise – ennui – douleur – colère – chagrin

S'étonner que (de). Etre surpris que (de). Etre stupéfait que.
Etre stupéfié de (par). Etre frappé que (de ce que).
Etre renversé (famil.). Etre déconcerté que. Etre catastrophé que.
S'ennuyer – Ennuyer. En avoir plein le dos (famil.).
S'embêter – embêter – raser – faire suer (les 4 sont famil.).
Etre vexé, fâché, contrarié, consterné, irrité, atterré.
Etre furieux. Etre en rogne contre (famil.).
Etre accablé, se désespérer, se lamenter, souffrir que.
Broyer du noir (famil.). Avoir le cafard (très famil.). Se ronger.

3) Haine

Détester – haïr – exécrer – abhorrer – en vouloir à quelqu'un.
Quelques expressions familières, voire argotiques :
Avoir quelqu'un dans le nez.
Ne pas blairer quelqu'un.
Avoir une dent contre.
Ne pas pouvoir sentir quelqu'un.
Ne pas pouvoir voir quelqu'un en peinture.

4) Crainte, regret

Craindre — appréhender — redouter — trembler — avoir peur.

Expressions familières avoir le trac,
avoir la frousse,
avoir la trouille (très fam.).

Regretter, déplorer, s'en mordre les doigts (fam.).

Attention : Les verbes craindre et avoir peur sont suivis du "ne" explétif en français écrit.

Exemple   : Je crains qu'il *ne* pleuve.

II — EMPLOI DE L'EXCLAMATION POUR EXPRIMER CES SENTIMENTS

1) L'exclamation simple : quel bonheur !
comme il fait chaud !

2) L'apostrophe   : étourdi ! idiot !

3) L'interjection   : au secours ! chic ! sans blague ! (famil.)
gare ! dommage ! quel dommage ! hélas ! hourra ! chouette ! la barbe !
flûte — zut — mince — la vache — (très famil.)

4) Les onomatopées   : Ah ! Oh ! aïe ! hein ! chut ! pouah ! pst !.

EXERCICES

I — Employez les expressions suivantes dans une phrase :

Faire plaisir — amuser — distraire — satisfaire — contenter — divertir — se régaler (famil.) — jouir — réjouir — cela me chante (argot).

II — Reliez de diverses façons les phrases suivantes :

1) Je suis heureux ; vous avez pu remonter la pente.
2) Nous sommes si contents ; vous êtes tirée d'affaire.
3) Elle se réjouissait ; son frère avait été reçu à l'examen.
4) Etes-vous contents ; nous sommes réunis.
5) La maîtresse de maison était ravie ; sa réception était bien réussie . . .
6) Je me félicite ; vous faites des progrès.

III — Employez les verbes exprimant la surprise, l'ennui, la douleur, la colère :
en utilisant les expressions suivantes.

Ex : Elle *a fait* une fugue
Je suis catastrophée qu'elle *ait fait* une fugue.

1) Elle sait sa leçon sur le bout du doigt. (l. parlé)
2) Elle s'est levée du pied gauche. (l. parlé)
3) Il a le bras long. (l. parlé)
4) Je me suis cassé le nez à la porte de mes amis. (l. parlé)
5) Elle ne voit pas plus loin que le bout de son nez. (l. parlé)
6) Il met toujours les pieds dans le plat. (l. parlé)
7) Je ne sais sur quel pied danser avec elle. (l. parlé)
8) Elle a fait un coup de tête.
9) Elle a perdu la tête.
10) Vous vous mettez martel en tête.
11) On m'a payé en monnaie de singe.
12) Son procès finit en queue de poisson.
13) Son mari l'a abandonnée.
14) Cet enfant fait l'école buissonnière.
15) Vous me faites la tête. (l. parlé)
16) Il a fait des siennes.

IV – Faites précéder les expressions suivantes d'un verbe de crainte ou de regret :

Ex : Elle a fait une fugue – Je crains qu'elle *n'ait fait* une fugue.

1) Mettre dans de beaux draps. (l. parlé)
2) Ne pas arriver à temps.
3) Faire faux bond. (fam.).
4) Avoir un accident.
5) Rendre la monnaie de sa pièce.
6) Revenir bredouille.
7) Rester le bec dans l'eau. (l. parlé)
8) Se faire tirer l'oreille. (l. parlé)
9) Manquer le coche. (fam.).

V – Exprimez, par toutes les formes exclamatives possibles, les phrases suivantes :

Ex : Comme je suis heureux de vous rencontrer !
Quelle joie de vous rencontrer !
Je suis si content de vous rencontrer ! etc...

1) Tu es en retard.
2) Il fait un froid de canard. (fam.).
3) Vous avez bonne mine.
4) Je n'ai eu aucune réponse de votre part.
5) Vous avez dû souffrir de la solitude.
6) Je regrette que vous soyez déjà marié.
7) Tu raisonnes mal.
8) Nous aurons beaucoup de choses à nous dire.
9) J'ai hâte de te revoir.
10) Tu me manques beaucoup.
11) J'ai peur de plonger dans cette eau froide.

VI − **Travail écrit:**

1) Racontez une circonstance de votre vie où vous avez ressenti de la colère contre quelqu'un.
2) Vous êtes chargé de faire un discours pour les noces d'or de vos grands-parents.

VII − **Quels sentiments ou quels bruits sont exprimés par les onomatopées ou les interjections suivantes :**

− Bof !
− Plouf ! − *une chute dans l'eau*
− Hein ?
− Pouah ! − *le dégoût, le mépris*
− Toc ! toc !
− Chut !
− Pif ! Paf ! − *un bruit sec (explosion)*
− Pst !
− Hep ! − *sert à appeller*
− Mince ! − *étonnement, suprise (euphémisme de "merde")*
− Chic ! − *le plaisir, la satisfaction*
− Hélas !
− Ouais ! − *la surprise (aussi "oui" - ironique ou sceptique)*
− Flûte ! − *l'impatience (zut !)*
− La vache !
− Hourra !
− Ah ça, alors !

EXPRESSION DE LA CAUSE

On peut exprimer les rapports de cause dans :

I – LES PROPOSITIONS INDEPENDANTES

Reliées par le signe de ponctuation " : " ou par les conjonctions de coordination "car" et "en effet" (jamais en tête de phrase).

a) avec l'indicatif :

Ex : "Il a pris un congé ; en effet il était à bout de forces".

b) avec le conditionnel :

Ex : "Ne sors pas sans te couvrir, car tu prendrais froid".

II – DES PROPOSITIONS SUBORDONNEES CONJONCTIVES

Introduites par les conjonctions : comme (en tête de phrase) – parce que – puisque – vu que – attendu que – (tournure administrative) – étant donné que – du moment que – sous prétexte que – non que – pour la simple et bonne raison que, etc.

Ex : "Etant donné que tu n'as pas lu le journal ce matin, je te mets au courant des dernières nouvelles".

Remarques

a) Attention à la différence entre "puisque" et "parce que" :
"Puisque" implique une cause connue de l'interlocuteur et utilisée comme argument.
"Parce que" annonce une cause connue ou non.

Ex : "Puisqu'elle n'aime pas les friandises, je lui apporterai une plante verte".
"Je lui apporterai des fleurs parce que je veux lui faire plaisir".

b) Toutes ces conjonctions sont suivies de l'indicatif mais "parce que" et "sous prétexte que" peuvent être suivies du conditionnel si elles expriment une éventualité.

> Ex : "Ne bougez pas en prenant une photo parce qu'elle serait floue".

c) "Non que", "ce n'est pas que", soit que ... soit que", sont suivies du subjonctif.

> Ex : "Il ne viendra pas à votre réception, non qu'il n'en ait pas envie, mais parce qu'il a un empêchement".
> "... ce n'est pas qu'il n'en ait pas envie, mais il a un empêchement.

III — AUTRES PROCEDES

a) une préposition + un nom :

à cause de — grâce à — à force de *by means of* — sous prétexte de — pour — en raison de — du fait de — faute de — etc ...

> Ex : "A force de persévérance, il est arrivé à ses fins".

b) une préposition + un infinitif (lorsque le sujet des deux verbes est le même) :

de — pour — à force de — sous prétexte de

> Ex : "Il est allé la voir, sous prétexte de lui demander une adresse".

c) un participe présent ou passé, ou un gérondif (le sujet des deux verbes est le même):

> Ex : "Voulant entrer à tout prix dans la maison fermée, il a dû forcer la serrure".
> "Elevé dans du coton, il n'était jamais sorti des jupons de sa mère". (fam.).
> "En descendant trop vite l'escalier, il a manqué une marche".

EXERCICES

I — Répondez aux questions suivantes:

1) Pourquoi étudiez-vous le français ? (parce que)
2) Pourquoi aimez-vous la musique ? (étant donné)
3) Pourquoi vous détendez-vous le dimanche ? (car)
4) Pour quelles raisons lisez-vous un journal (parce que)

5) Pourquoi a-t-elle mis une crème solaire ? (comme)

6) Pourquoi êtes-vous surpris par les repas français ? (étant donné que . . . et que . . .)

7) Pourquoi êtes-vous parti avant la fin du spectacle ? (Ce n'est pas que . . .)

8) Pourquoi adhérez-vous à un parti politique ? (Vu que . . . et que . . .)

9) Pourquoi fait-on facilement des châteaux en Espagne ? (puisque)

10) Pourquoi cet alpiniste doit-il une fière chandelle au Secours en Montagne ? (parce que . . . et que . . .). (l. parlé)

11) Pourquoi avez-vous été piqué au vif par son allusion ? (car)

12) Pourquoi est-elle aux cent coups ? (En raison de . . .)

13) Pourquoi faites-vous des gorges chaudes de la mésaventure de votre frère ? (Non que . . . mais parce que . . .)

14) Pourquoi en voulez-vous à votre camarade ? (Du fait de . . .)

15) Pourquoi n'arrives-tu pas à garder ton sérieux ? (C'est que . . . et que . . .).

16) Pourquoi dit-on qu'il faut battre le fer pendant qu'il est chaud ? (Vu que . . .).

17) Pourquoi dit-on "avare comme Harpagon" (Etant donné que . . .)

18) Pourquoi la "mini-jupe" a-t-elle fait fureur dans le monde entier ? (La raison pour laquelle . . .).

19) Pourquoi le voleur a-t-il fait la courte-échelle à son complice ? (Faute de . . .).

20) Pourquoi est-il tout sucre et tout miel avec son voisin ? (Sous prétexte de . . .).

21) Pourquoi des femmes participent-elles au M.L.F. ? (Comme . . . et que . . .).

II – Exprimer la cause de toutes les façons possibles dans les phrases suivantes :

Ex : *Comme je te l'avais promis, je viens te chercher.*
Puisque je te l'avais promis . . .
Etant donné que je te l'avais promis . . .
Vu que je te l'avais promis . . .
Du moment que je te l'avais promis . . .
Te l'ayant promis . . .
A cause de ma promesse . . .
En raison de ma promesse . . .
C'est parce que je te l'ai promis que . . .
Je viens te chercher : en effet je te l'avais promis.
Pour la bonne raison que je te l'avais promis, je viens te chercher.
etc . . .

1) Tu n'es pas raisonnable, tu seras puni.

2) Leur fils est consciencieux ; ses parents le laissent sortir le soir.

3) Je m'ennuie ici : il pleut sans cesse.

4) Vous refusez de m'aider : j'abandonne mon projet.

5) J'aime bien ce pays : j'y suis né.

6) C'est un fieffé menteur : je ne le crois pas.

7) J'arrive en retard : je n'ai pas perdu mon temps, mais la route était déviée.

8) Je vous préviendrai à temps : je vous écrirai ou je vous téléphonerai.

9) Il n'a pas travaillé : il a prétendu qu'il était malade.

10) Il pleut sans cesse : je ne puis sortir ; j'en profite pour lire.

11) Le cuisinier, ivre, mélangeait toutes les sauces.

12) Je vous connais bien : je suis votre voisin.

13) Le maître était absent ; le vol fut aisé.

14) Vous ne ferez pas cela ; vous en auriez honte.

15) Les délicats sont malheureux : rien ne saurait les satisfaire.

16) Rien ne lui plaît : il est difficile.

17) Il n'est pas venu : il n'a pas reçu ma lettre.

18) Elle aime les animaux : elle a adopté un chat.

19) Le coureur avait suivi un entraînement intensif : il a gagné le maillot jaune.

20) Elles étaient gaies : elles éclataient de rire pour un rien.

III — Dans les phrases suivantes, remplacez le complément de cause par une subordonnée, ou inversement :

1) A cause de sa maladresse, il ne peut planter un clou correctement.

2) Parce qu'il avait une extinction de voix, il n'a pu faire sa conférence.

3) Grâce à la gentillesse de son infirmière, le malade a repris courage.

4) En raison de l'humidité, il a fallu repeindre les volets.

5) Faute de soins, l'accidenté est entré dans le coma sur le bord de la route.

6) Etant donné que cette mode a passé, le stock de jupes est resté sur les bras ("fam.") du marchand.

7) Parce qu'on fait cuire longtemps le coq au vin avec des herbes aromatiques, il prend un goût relevé.

8) Comme il prétendait que sa montre retardait, il n'arrivait jamais à l'heure.

9) A force de patience, il est venu à bout de travaux délicats.

10) Il dit qu'il n'ira jamais en Chine pour la bonne raison qu'il en ignore totalement la langue.

11) A force de pratiquer la politique de l'autruche, il est incapable d'affronter une difficulté en face.

12) J'irai droit au but, non que je veuille vous froisser mais parce que je veux vous mettre en face de la réalité.

13) Vu que son fils n'avait pas de travail, il était obligé de lui donner de l'argent de poche.

14) Etant donné que l'inspecteur doit venir la semaine prochaine, le comptable met ses livres à jour.

15) Du fait du changement de directeur, il y a une réduction de personnel.
16) Attendu que le prévenu est mineur, il sera confié à un Centre de Redressement pour délinquants.
17) Magasin fermé pour cause d'inventaire.
18) Pour avoir cru les propos flatteurs du Renard, le Corbeau a été dupé.
19) Ne le chargez pas de cette mission ; ce n'est pas que je le soupçonne d'indiscrétion, mais je ne le crois pas d'envergure à mener cette affaire à bien.
20) Comme il y a eu un manque de coordination dans les directives, vous avez été induit en erreur.
21) Je lui pardonne en raison de son âge.

IV — Trouver dans cette liste le verbe approprié à chacune de ces phrases :

Etre imputé à, découler de, procéder de, tenir à, être causé par, être à l'origine de, s'inspirer de, provenir de, tenir son origine de, dériver, être dû à.

1) Sa mauvaise humeur est... par une déficience de la vésicule biliaire.
2) Picasso s'est... du bombardement du village de Guernica pour peindre une de ses plus célèbres toiles.
3) Le vol des tableaux est... à une bande d'escrocs internationaux.
4) Beaucoup de troubles cardiaques... des rhumatismes articulaires.
5) Bien des maladies endémiques... de sous-alimentation.
6) Une grande partie des termes médicaux et pharmaceutiques... du latin ou du grec.
7) Tous mes ennuis de santé... d'une carence en vitamine D.
8) Le bonheur... à si peu de choses.
9) Beaucoup de mouvements gauchistes... d'interprétations différentes du marxisme.
10) Pourquoi le .. —vous responsable de la "pagaille" qui règne dans ce service (fam.).
11) Les applications de la radio-activité... des travaux de Pierre et Marie Curie.

V — Choisissez dans cette suite de mots, le terme qui convient le mieux aux aux phrases ci-dessous :

"L'origine, le mobile, le motif, la raison, le pourquoi, la motivation, la source, le sujet, la cause apparente et la cause profonde, le ferment, le prétexte".

1) "Avez-vous trouvé le... du crime", demanda le juge au commissaire ?
2) Quelle est... de votre voyage ?
3) Il lui fait la cour pour le bon... (fami.).
4) Les écoliers demandaient sans cesse le... de toutes choses, et l'institutrice était à court d'explications.
5) Il arrive que la psychanalyse éclaire la... de notre comportement.
6) Cette invitation est une corvée. Quel... pourrions-nous trouver pour y échapper ?

7) Moi je donnerai pour ... mon examen, et toi quel ... fourniras-tu ?

8) La ... de tous vos maux réside dans votre ambition.

9) L'arrivée de la jeune femme fut un ... de discorde dans le ménage.

10) Quel est le ... de votre mécontentement ?

11) Je ne pense pas que vous ayez ... de vous plaindre de votre sort.

12) Croyez-vous que l'attentat de Sarajevo ait été ... de la I^e guerre mondiale ? Ce fut plutôt la goutte d'eau qui fit déborder le vase.

13) La pendaison de crémaillère a son ... dans une vieille coutume française ; de même la cueillette du gui tire sa ... des rites druidiques.

14) La ... de son installation à Paris a été un désir de promotion sociale, mais ... était de rompre avec ses attaches familiales.

VI — Employez dans des phrases les mots suivants :

Le responsable, l'inspirateur, l'instigateur, l'agent, le créateur, l'artisan, le promoteur, l'auteur.

VII — Expliquez :

1) Il n'y a pas d'effet sans cause.

2) Il n'y a pas de fumée sans feu.

3) Petite cause ; grands effets.

4) Il n'a pas répondu à ta lettre, et pour cause.

5) Agir en connaissance de cause.

6) En tout état de cause.

7) Elle s'est mariée pour les besoins de la cause.

8) Le témoignage de sa concierge l'a mis hors de cause.

9) Ne trouvant pas de restaurant, en désespoir de cause, nous avons dû dîner d'un sandwich.

10) Prendre fait et cause pour quelqu'un.

11) Faire cause commune.

VIII — Travail écrit :

1) Imaginez un dialogue entre un agent de police et un automobiliste à qui il vient de dresser une contravention.

2) Quel est votre écrivain préféré ? Expliquez les raisons de votre choix.

EXPRESSION DE LA CONSÉQUENCE

On peut exprimer les rapports de conséquence dans :

I — LES PROPOSITIONS INDEPENDANTES

a) par la ponctuation :

> Ex : "Il nous reste peu de temps : il nous faut mettre les bouchées doubles".

b) par la coordination :

> Donc — c'est pourquoi — et — en conséquence — par conséquent — aussi — (en tête de proposition) — ainsi — de là — d'où — dès lors.

> Ex : "Il a renversé l'encrier ; $\left. \begin{array}{l} \text{de là} \\ \text{d'où} \end{array} \right\}$ la colère de sa mère".
>
> (le verbe est remplacé par un nom)
> "Il a été échaudé ; dès lors il se méfie".
> "La cigale a chanté tout l'été *et* l'hiver elle a crié famine".

Remarque :

> Avec "aussi" et "ainsi" l'inversion du sujet est fréquente.

> Ex : "Il ne s'habituait pas au climat : aussi a-t-il demandé une mutation de poste".

II — LES PROPOSITIONS SUBORDONNEES

a) De sorte que — de façon que — de manière que — de telle sorte que — si bien que — si... que — tant... que — tel... que — tellement... que — à tel point... que — tant et si bien que... — tant de... que.

Toutes ces locutions sont suivies en général de l'indicatif ou du conditionnel (pour exprimer un fait imaginaire).

Ex : Il a travaillé comme un forcené de sorte qu'il a réussi sans peine.

Il a travaillé comme un forcené de sorte qu'il réussirait sans peine à un concours.

b) "trop... pour que" et "assez... pour que" exprimant un résultat envisagé ou souhaité sont suivis du subjonctif. L'idée de conséquence est ici proche de celle du but.

Ex : "Le crime est trop horrible pour que l'accusé soit acquitté ; mais il est assez jeune pour que la peine capitale lui soit épargnée".

Remarque :

Quand le sujet des deux verbes est le même, le subjonctif est remplacé par l'infinitif.

Trop pour   + infinitif
Assez pour   + infinitif
Au point de   + infinitif
De manière à   + infinitif

Ex : "Il est trop honnête pour exercer un chantage".
"Il s'égosille au point d'en perdre la voix".

III — TOURNURES OU MOTS EXPRIMANT LA CONSEQUENCE

a) "Il faut" ou "il suffit... pour que ".

Ex : "Il suffit d'un grain de poussière dans le carburateur pour que le moteur ait des ratées".

b) Des verbes : provoquer — entraîner — causer — occasionner — déterminer — amener — procurer — créer — produire — attirer — susciter — déchaîner — inciter — prêter à — valoir — forcer — exciter — soulever — éveiller — déclencher — être responsable de — imputer à.

EXERCICES

I — Trouver la conséquence :

1) Elle a mis des oignons de tulipes dans son jardin (si bien que...).
2) Il n'a pas la télévision (de sorte que)...
3) Tu bois trop de café (si bien que ...).
4) Odile est réservée (si ... que ...).
5) La façade de la maison est vétuste (trop ... pour que ...).
6) Il a laissé son livre dans le jardin pendant la nuit (de sorte que ...).
7) Ta robe est froissée (tellement ... que ...).

8) Le chemin est plein d'ornières (tant et si bien que . . .).
9) Tes affaires sont en désordre (à tel point . . . que . . .).
10) Monique parle trop (si bien que . . .).
11) Ta montre ne marche plus (tant et si bien que . . .).
12) Elle avait mis un chapeau ridicule (assez . . . pour . . .).
13) Tu n'es pas assez couvert (de telle manière que . . .).
14) L'automobiliste est passé quand le feu était rouge . . .
15) Le réveil n'a pas sonné . . .
16) La neige était poudreuse . . .
17) Elle n'a pas su tenir sa langue . . . (famil.)
18) Les artichauts étaient trops chers . . .
19) Son compte bancaire n'était plus alimenté . . .
20) Il n'avait pas réparé les freins de sa bicyclette . . .
21) Les rivières sont polluées . . .
22) Elle bégaye . . .
23) La mer est mauvaise . . .
24) Il est toujours dans les nuages . . .
25) Il n'a qu'une parole . . .
26) Il est en pays de connaissance . . .

II – Reliez les propositions suivantes par tous les rapports de conséquences possibles :

Exemples : Il avait beaucoup changé ; elle ne le reconnut pas.

Il avait $\begin{cases} \text{tant} \\ \text{tellement} \end{cases}$ changé qu'elle ne le reconnut pas.

Il avait changé au point $\begin{cases} \text{qu'elle ne le reconnut pas.} \\ \text{de ne pas être reconnu.} \end{cases}$

Elle ne le reconnut pas tant il avait changé.
Il avait beaucoup changé ; donc elle ne le reconnut pas.
Il avait beaucoup changé ; en conséquence elle ne le reconnut pas.

langage soutenu $\begin{cases} \text{Il avait beaucoup changé ; ainsi ne le reconnut-elle pas.} \\ \text{Il avait beaucoup changé si bien qu'elle ne le reconnut pas.} \\ \text{Il avait changé de telle manière qu'elle ne le reconnut pas.} \\ \text{Il avait trop changé pour qu'elle le reconnût.} \end{cases}$

1) Il est très fatigué ; il est resté au lit.
2) L'enfant faisait des fausses notes en étudiant son piano ; le voisin en était excédé.
3) Il s'enfermait dans son chagrin ; il restait des heures sans parler.
4) Le policier siffla énergiquement ; toutes les voitures s'arrêtèrent.
5) La ville est lointaine ; on n'entend pas sa rumeur.
6) L'orage éclata brusquement ; on dut se mettre à l'abri.
7) C'est une fille très intelligente : elle ne s'en laisse pas conter. (l. parlé)
8) Tes réactions sont inattendues ; j'y perds mon latin. (l. parlé)

9) Il avait peu d'entraînement : au bout de quelques heures de marche il était fourbu.

10) Dans les "Femmes Savantes", Philaminte et Bélise emploient un langage précieux : Martine ne comprend rien à leur jargon.

11) Il avait bu un verre de trop : il était éméché en rentrant chez lui (famil.).

12) Il y avait un brouillard à couper au couteau : on n'y voyait pas à trois mètres devant soi. (l. parlé)

13) C'est une tête de linotte ; on ne peut rien lui confier.

14) Elle a eu des revers dans son existence ; elle a perdu toute joie de vivre.

15) Elle a le visage renfrogné : elle a l'air d'avoir dix ans de plus que son âge.

16) Il ment sans vergogne : on ne le croit plus.

17) C'est un enfant espiègle : avec lui on peut s'attendre à n'importe quelle facétie.

18) Il se pavanait sous le préau ; il en devenait ridicule.

19) Les fleurs du magnolia étaient délicates : elles ressemblaient à des estampes japonaises.

20) Le lac n'est pas assez gelé : ne patinez pas dessus.

21) La luminosité était forte : la photo a été surexposée.

22) Il n'avait pas assez appris le code de la route ; il a eu son permis de justesse.

23) Il a été humilié devant ses camarades ; il en garde un souvenir cuisant.

III — Choisissez dans la liste des synonymes du mot "conséquence" ceux qui conviennent aux phrases suivantes :

La conséquence, le contre-coup, l'effet, la réaction, la retombée, le retentissement, le résultat, l'aboutissement, la séquelle, le ricochet, la conclusion, la résultante, la répercussion, le rejaillissement, le produit, la portée, la déduction, l'impact, l'incidence, le fruit, le corollaire, le lendemain, la suite, l'influence, l'issue, les tenants et les aboutissants.

1) Le discours du Président de la République a eu un grand r ... dans l'opinion des électeurs.

2) Son échec au concours d'entrée à l'Ecole Normale Supérieure a eu un grand r .. dans toute sa vie.

3) Cette tornade a eu des e ... catastrophiques.

4) Il est mort des s ... d'un accident.

5) Quand le Renard voyait un champ de blés mûrs, il pensait par r ... à son ami le Petit Prince.

6) On peut tirer de ce théorème plusieurs d ... et leurs c ....

7) La nouvelle de l'assassinat du Président a eu un i ... incroyable sur le monde entier.

8) Ce livre fut le f ... de leur collaboration.

9) Croyez-vous que l'abolition de la peine de mort aurait pour c ... une recrudescence des attentats ?

10) Le c... c... de cette époque de puritanisme a été un relâchement dans les mœurs.
11) L'insolence de sa réponse a provoqué chez son père une r... de colère.
12) Quelle a été l'i... de votre démarche ?
13) Mesurez-vous la p... de vos paroles ?
14) La r... de la crise économique de 1929 se faisait encore sentir en 1935 en Europe.
15) La réaction de Comités d'Entreprises n'a guère entraîné de r... économiques et sociales.
16) Pour porter un jugement sur cette affaire, il faudrait en connaître les t... et les a..
17) Le p... de ces diverses opérations bancaires a été la faillite.
18) Quel a été le r... des pourparlers diplomatiques ?
19) Sa réussite est l'a... d'innombrables efforts.
20) La révolution, pour Victor Hugo, est "la r... des événements".
21) Le docteur l'a mis en garde contre les s... de la scarlatine.
22) Cette entreprise a eu de tristes l...
23) Maintenant il nous faut tirer les c... de cet événement.
24) Le ministre craignait qu'une augmentation des impôts n'ait une i... fâcheuse sur la consommation.
25) Il pensait que d'obtenir la Rosette aurait un r... d'honneur sur les siens.

IV — Employez les verbes suivants dans des phrases :

Provoquer, entraîner, causer, occasionner, déterminer, amener, procurer, créer, produire, attirer, susciter, déchaîner, inciter, prêter à, valoir, forcer, exciter, susciter, soulever, éveiller, déclencher, être responsable de, imputer à.

V — Travail écrit :

1) Racontez une histoire dont les conséquences ont été désastreuses.
2) Une parole malheureuse qui a entraîné un malentendu.

EXPRESSION DE LA COMPARAISON

I – EXPRESSION DE LA SUPERIORITE

a) Plus . . . que ; plus de . . . que

>   Ex : Il a plus de chance que toi.
>   Il est plus grand que son père.

   Attention à 4 comparatifs irréguliers :

>   Bon ——→ meilleur que . . .

>   Mauvais ——→ pire que (le neutre "pis" s'emploie dans l'expression
>   "aller de mal en pis").

>   Bien ——→ mieux
>   Petit ——→ moindre

b) Davantage

>   *more*
>   Ex : Il travaille davantage

c) Plus . . . plus

>   Ex : Plus il travaille, plus il progresse

d) D'autant plus . . . que

>   Ex : Elle est d'autant plus heureuse qu'elle sait que son fiancé va
>   venir la voir.

II – EXPRESSION DE L'EGALITE

A – Le verbe de la subordonnée n'est pas exprimé

   a) aussi + adj. + que
   aussi + adv. + que
>   Ex : Elle est aussi gaie qu'un pinson.

111

b) **autant :**

il y a 2 possibilités

1) verbe + autant + que + nom
Il travaille autant que son père.
2) verbe + autant de + nom + que
Il a autant de travail que son père.

c) **comme**

Verbe + comme + un nom (+ verbe non exprimé)

Ex : Il travaille comme son père.
Elle est jolie comme un cœur.

d) **ainsi que − de même que (moins employés)**

Ex : Ainsi que son frère aîné, il a brigué la députation.

B − Le verbe de la subordonnée est exprimé :

a) **comme − de même que − ainsi que − comme si**

Ex : "Comme on fait son lit, on se couche" (famil.)

(Attention à ne pas confondre "comme" exprimant le temps ou la cause avec "comme" exprimant la comparaison)

Ex : "Ainsi que je te l'avais dit, il s'en est fallu d'un cheveu qu'il ne manque le train". (l. parlé)

b) **aussi + adj. ou adv. + que**

Ex : Il était aussi bête qu'il était laid.

c) **tel . . . que**

Ex : Tu ne me vois pas telle que je suis.

d) **autant . . . autant . . .**

Ex : Autant j'aime me promener au soleil, autant je déteste me promener sous la pluie.

III − EXPRESSION DE L'INFERIORITE

a) **moins que − moins de . . . que . . .**

Ex : Il pleut moins dans le Midi qu'en Bretagne.
Il se pose moins de problèmes que vous.

b) **moins . . . moins**

Ex : Moins on a d'activités, moins on a envie d'en avoir.

c) d'autant moins . . . que

> Ex : Il a d'autant moins envie d'aller à cette soirée qu'il ne connaît personne.

Remarque

Il est possible de combiner les degrés de comparaison :

> Ex : Moins elle mange, plus elle grossit.
> Plus il est fatigué, moins il dort.

EXERCICES

I — **Introduisez tous les degrés de comparaison possibles dans les phrases suivantes :**

1) Ta santé est bonne : je le croyais.
2) Il a des ennuis : je le pensais.
3) Cet élève réfléchit : on se l'imaginait.
4) Ma grand-mère brodait bien : tu le disais.
5) La vue du belvédère est belle : elle promettait de l'être.
6) Les notes de mon fils sont mauvaises : son professeur me l'avait fait. comprendre.
7) Ce manteau est chaud : le vendeur l'a dit.
8) Il pleut : la météo l'avait annoncé.
9) Vous aurez de la peine à vous affirmer : je le prévoyais.
10) Cette jeune fille est charmante : sa sœur l'est.
11) Ce chien est bête : je le pensais.

II — **Faites des phrases en employant toutes les expressions de la comparaison données dans le leçon.**

1) expression de la supériorité.
2) expression de l'égalité.
3) expression de l'infériorité.

III — **Remplacez les points de suspension entre parenthèses par le mot qui convient.**

1) (. . .) que son professeur l'avait prévu, il a échoué à son examen.
2) Il criait (. . .) on l'avait écorché vif.
3) Il s'acharne à faire du sport (. . .) qu'à faire ses études.
4) Vous vous angoissez pour un rien, (. . .) vous vous enthousiasmez trop facilement.

8

5) Le maire d'une grande ville n'est pas (. . .) connu de ses administrés (. . .) celui d'un petit village.
6) Les travaux de plomberie ont duré (. . .) longtemps (. . .) nous ne l'avions prévu.
7) Un cadre ancien conviendra (. . .) à ce pastel (. . .) un cadre moderne.
8) Ton foulard vert va (. . .) bien avec ton manteau beige (. . .) le bleu.
9) Ce voyage aux Indes m'a (. . .) appris que tous les livres que l'on a pu écrire sur le même sujet.
10) (. . .) elle se délecte des romans (. . .) elle déteste les biographies.
11) Il est (. . .) riche (. . .) il ne lésine sur rien.
12) Un papier peint habille (. . .) une pièce (. . .) un simple badigeon.
13) (. . .) on fait de sports, (. . .) on a envie d'en faire.
14) L'enfant a besoin de protection (. . .) la jeune plante d'un tuteur.
15) (. . .) père, (. . .) fils.

IV — Même travail :

1) (. . .) on approfondit une étude, (. . .) on découvre ses lacunes.
2) Ce dépliant touristique ne montre pas le pays (. . .) il est.
3) Il a (. . .) envie de faire du ski (. . .) il est frileux et maladroit.
4) On a (. . .) de plaisir à donner (. . .) à recevoir.
5) Faites votre travail (. . .) il faut.
6) (. . .) on est de fous, (. . .) on rit.
7) Il est (. . .) vaniteux (. . .) son cousin germain.
8) Je n'ai jamais (. . .) ri de ma vie (. . .) ce soir là.
9) Cette soupière ancienne est (. . .) belle (. . .) fragile.
10) (. . .) le malade restait couché, (. . .) il perdait ses forces.
11) Il était découragé car (. . .) il creusait ses recherches, (. . .) la solution était évidente.
12) Il aurait fallu (. . .) de soleil pour que les raisins puissent mûrir à temps.
13) La petite fille est arrivée en pleurant (. . .) elle avait perdu père et mère. (l. parlé)
14) Elle a (. . .) besoin de soleil et de ciel bleu (. . .) elle a été habituée au climat méditerranéen toute son enfance.
15) Tu te comportes (. . .) tu étais sorti de la cuisse de Jupiter. (famil.)
16) Je vous rapporte ces propos (. . .) je les ai entendus.
17) Le remède est (. . .) que le mal.

V — Donnez toutes les réponses possibles :

1) Avez-vous autant de mémoire que votre frère ?
2) Etes-vous aussi musicienne que votre amie ?
3) As-tu payé ton livre aussi cher que le mien ?
4) Ce menu comporte-t-il autant de plats que celui du restaurant où nous avons mangé dimanche ?

5) Y a-t-il autant de brouillard en montagne que dans la vallée ?

6) La formation continue assure-t-elle une plus grande sécurité de l'emploi que de bonnes études préalables ?

7) Son bracelet lui plaît-il autant que celui de sa belle-sœur ?

8) Allez-vous aussi souvent chez le coiffeur que c'est nécessaire ?

9) Astiquez-vous vos cuivres aussi souvent qu'il le faudrait ?

10) Françoise patine-t-elle avec autant de grâce que Catherine ?

11) Est-il aussi gourmand que son jumeau ?

12) Ecosses-tu les petits pois aussi vite que moi ?

13) Ces photos sur la Chine vous ont-elles autant intéressé que si vous y étiez allé ?

VI – **Voici un certain nombre d'expressions françaises, très employées dans le langage courant. Trouvez dans la liste ci-dessous les comparaisons correspondant aux verbes et aux adjectifs suivants :**

Verbes : dormir, manger, arriver, pousser, rire, pleurer, courir, nager, mentir, être heureux, entrer, se ressembler, parler.

- comme une Madeleine.
- comme un dératé.
- comme un poisson.
- comme un loir.
- comme une marmotte.
- comme un chien dans un jeu de quilles.
- comme un bossu.
- comme dans un moulin.
- comme deux gouttes d'eau.
- comme un poisson dans l'eau.
- comme un ogre.
- comme un champignon.
- comme un arracheur de dents.
- comme un livre.
- comme quatre.
- comme un oiseau

Adjectifs : bavard, malin, rusé, riche, bête, têtu, joli, connu, blanc, sec, clair, bon, faux, heureux, sourd, fort, propre, muet.

- comme le loup blanc.
- comme un coup de trique.
- comme le bon pain.
- comme un roi.
- comme un pot.
- comme chou.
- comme un sou neuf.
- comme une pie.
- comme un singe.
- comme un renard.
- comme une bourrique (fam.).

— comme un linge.
— comme ses pieds (fam.).
— comme un jeton.
— comme de l'eau de roche.
— comme un Turc.
— còmme Crésus.
— comme un cœur.
— comme une carpe.

VII — Expliquez les expressions suivantes et employez-les dans des phrases :

a) Etre comme l'oiseau sur la branche.
   Etre comme une âme en peine.
   Etre comme un coq en pâte.
   Comme si de rien n'était.
   Comme par le passé.
   C'est tout comme. (l. parlé)

b) Comparer quelque chose à . . .
   Confronter quelque chose à . . .
   Etablir un parallèle entre . . . et . . .
   Rechercher une similitude entre . . . et . . .
   Faire une comparaison entre . . . et . . .

c) En comparaison de . . .
   A côté de . . .
   Par rapport à . . .

d) C'est un équivalent.
   Tel quel.

e) Avoir deux poids et deux mesures.
   Ne pas gagner au change.
   Ne pas arriver à la cheville de quelqu'un (l. parlé)
   Etre logé à la même enseigne. (l. parlé)
   C'est bonnet blanc et blanc bonnet. (l. parlé)
   Peser le pour et le contre.
   Autres temps, autres mœurs.

VIII — Expression libre :

— Comparer le niveau de vie du français moyen et celui de "l'habitant moyen" de votre pays.
— Etablissez un parallèle entre deux villes que vous connaissez bien.
— Recherchez des similitudes entre votre caractère et celui de votre père (ou d'un membre de votre famille qui vous ressemble).

L'EXPRESSION DE LA VOLONTÉ

I – DANS UNE PROPOSTIION INDEPENDANTE :

1) Impératif:

    Exemple : "Viens ! Partons ! "

2) Indicatif présent ou futur:

    Exemple : "Tu te tais et tu fais ton travail sans rechigner". (l. parlé)
             "Vous irez porter le paquet à la poste".

3) Subjonctif:

    Exemple : "Qu'il sorte ! Que cette leçon soit sue ! ".

4) Conditionnel :

    Exemple : "Je voudrais un kilo de tomates".

5) Infinitif :

    Exemple : "Ne pas marcher sur les pelouses".

6) Des expressions exclamatives:

    Exemple : "Silence ! Chut ! Stop ! Attention ! "

II – DANS UNE PROPOSITION SUBORDONNEE :

1) Après les verbes de volonté, d'obligation, de souhait, de désir, on trouve le subjonctif :

    Exemple : "Je veux que tu réussisses".

Remarques :

    Si les deux verbes ont le même sujet on emploiera l'infinitif.
    On ne dira pas : "Je veux que je réussisse"
                Mais : "Je veux réussir".

2) Après les tournures impersonnelles exprimant la volonté : "Il faut que, il est nécessaire que . . ." on trouve également le subjonctif.

Mais deux constructions sont possibles si le sujet est un pronom ;

Exemples : "Il faut que je parte". verbe au subjonctif.
"Il me faut partir". verbe à l'infinitif.

3) Certains verbes exprimant un message (suivis généralement de l'indicatif) sont suivis du subjonctif pour exprimer un ordre.

"Je dis que le maçon a bien fait son travail" : constatation.
"Je dis que le maçon fasse bien son travail" : commandement.

EXERCICES :

I — Exprimez un ordre à l'impératif avec les verbes suivants :

Venir, partir, s'asseoir, s'en aller, offrir, vouloir, être, faire savoir, peindre , coudre, se taire, se rappeler, entrer.

Exemple : "Souvenez-vous du pauvre Gaspard ! "

II — Exprimez avec les mêmes verbes un ordre au subjonctif

Exemple : Qu'on s'en souvienne ! "

III — Expliquez l'emploi du subjonctif dans les vieux proverbes et formules suivantes

1) Vive(ent) les vacances !
2) Puissiez-vous réussir !
3) Sauve qui peut !
4) Advienne que pourra.
5) Soit dit en passant.
6) Qu'on se le dise.
7) Dieu vous bénisse !
8) Honni soit qui mal y pense.

IV — Quelles nuances de l'expression de l'ordre trouve-t-on dans les phrases suivantes (ordre personnel, impersonnel, atténué, poli, vigoureux, mé - prisant ?)

1) Un ministre à son ambassadeur : "Je vous serai obligé de porter ce message au chef de l'Etat".
2) Le même ambassadeur répondant au ministre "Je vous serais obligé de bien vouloir m'adresser de nouvelles instructions".
3) (Un directeur de banque à un fondé de pouvoir):
"Je vous prierai de me tenir informé de la suite de cette procédure. Vous voudrez bien à cet égard contacter notre agent régional".

4) "Voudriez-vous me répondre par retour du courrier ?"
   Je vous prierais de me faire savoir si je dois alerter notre succursale.
5) "Tu m'attends cinq minutes. J'ai une course à faire".
6) Pour la fondue savoyarde, prendre 500 grammes de gruyère, les couper en petits cubes et les mélanger avec un litre de vin blanc de Savoie.
7) "Tu m'apporteras ta dissertation quand tu l'auras rédigée".
8) "Qu'on se taise quand je parle !"
9) "Que ce devoir soit remis sans faute avant jeudi !"
10) "Que la vaisselle soit faite à mon retour".

V — Faites suivre les verbes suivants du mode convenable :

1) Je veux que tu ....
2) Le contre-maître ordonne que ....
3) La mariée désire que ....
4) Le proviseur exige que ....
5) Les parents souhaitent que ....
6) Le juge entend que ....
7) Le surveillant permet que ....
8) Le chef d'orchestre demande que ....

VI — Faites suivre les tournures impersonnelles du mode voulu :

(Quand c'est possible, employez deux constructions différentes).

1) Il faut que la marée (être haute) pour que les pêcheurs puissent quitter le port.
2) Il importe que vous (connaître) les coutumes quand vous êtes invité pour la première fois.
3) Il est obligatoire que les passagers (savoir utiliser) la ceinture de sécurité.
4) Il convient que le témoin (faire serment) de dire la vérité.
5) Pour faire de l'escalade, il est indispensable que vous (prendre) des cordes et un piolet.

VII — Faites suivre les verbes : dire, écrire, crier, prétendre, entendre, faire savoir, avertir, d'abord d'un indicatif, puis d'un subjonctif, dans les phrases de votre choix.

VIII — Travail écrit :

1) Un directeur d'entreprise part en voyage et laisse ses directives à son adjoint.
2) Une maîtresse de maison, avant de partir à son travail, donne ses consignes à sa femme de ménage.

EXPRESSION DU BUT

Le but est un résultat, une conséquence que l'on **désire**. C'est pourquoi il entraîne, en général, l'emploi du **subjonctif**.

On exprime le but :

1) avec les locutions :

pour que
afin que
de peur que . . . ne
de crainte que . . . ne
$\Big\}$ + subj.

pour que . . . ne pas
afin que . . . ne pas
de peur que . . . ne pas
de crainte que . . . ne pas
$\Big\}$ + subj.

de sorte que
de façon que
de manière que
$\Big\}$ + subj.

— Si la phrase est à l'indicatif il s'agit d'une simple conséquence et non d'un but.

Ex : "Le professeur parle lentement **pour que** les étudiants **puissent** le comprendre et **qu'**ils **aient** le temps de prendre des notes". "Berce le bébé de peur qu'il ne pleure".

2) avec "que" précédé d'un impératif et suivi du subjonctif:

Ex : "Parlez plus fort **qu'**on vous entende".

3) avec une proposition relative au subjonctif :

Ex : "Je voudrais un bijou qui ait de la valeur".

4) avec un infinitif précédé des locutions :

Pour . . .	Pour ne pas . . .
afin de . . .	afin de ne pas . . .
de peur de . . .	de peur de ne pas . . .
de crainte de . . .	de crainte de ne pas . . .
en vue de . . .	en vue de ne pas . . .
de manière à . . .	de manière à ne pas . . .
de façon à . . .	de façon à ne pas . . .

Attention : Dans ce cas le sujet des deux verbes doit être le même.

Ex : On ne dira pas : "Il a téléphoné à l'Horloge Parlante pour qu'il ait l'heure exacte", mais "Il a téléphoné à l'Horloge Parlante **pour avoir** l'heure exacte".

Il est resté dans les généralités **pour ne pas** froisser les susceptibilités.

Remarque : Après un verbe de mouvement, on peut omettre "pour" devant l'infinitif :

Ex : "Elle descend à la cave **chercher** une bouteille"

5) avec un nom précédé de "en vue de" ou "pour" ou "de peur de" :

Ex : "Ils négocient **pour la paix** dans le monde et **de crainte d'une** reprise des hostilités".

EXERCICES

I — Terminez les phrases suivantes en employant une locution conjonctive suivie du subjonctif :

1) Le peintre va retapisser la chambre afin que . . .
2) Le jardinier arrose les légumes de manière qu'ils . . .
3) Elle a pris son parapluie de crainte que . . .
4) Je t'ai mis ton réveil à l'heure afin que . . .
5) La maman marchait doucement de façon que . . .
6) Il articulait avec soin de sorte que . . .
7) Il fait trop chaud. Ouvrez la porte pour que . . .
8) Ne parle pas trop fort de crainte que . . .
9) Je vais vous relire le texte de sorte que . . .
10) Tu reculeras la voiture afin que . . .
11) Lève-toi de bonne heure demain matin pour que . . .
12) La fleuriste change l'eau des fleurs chaque jour afin que . . . ne . . . pas . . .
13) Quand tes amis viennent te voir tu leur fais écouter des disques pour que . . . ne . . . pas . . .
14) J'ai réparé tout de suite l'accroc de son pantalon afin que . . . ne . . . pas . . .

II — Mettez aux temps et aux modes convenables les verbes suivants entre parenthèses :

1) Venez ici, mademoiselle, que je vous (dire) ma satisfaction de votre travail.
2) Ecrivez-moi afin de (me rassurer) sur votre santé.

3) Donne-moi la main, que je te (sentir) proche : tu n'es pas fâchée ?

4) Lui en vouloir pour (réussir) mieux que nous, serait de la rancune.

5) Il vaut mieux (ne rien faire) pour (n'être pas critiqué).

6) Pour (n'être pas attaqué) par trois adversaires à la fois, Horace fuyait devant les Curiaces.

7) Reviens vite, pour que je te (serrer) dans mes bras.

8) Je n'oserais, de peur de (heurter) ses convictions, parler devant lui de politique.

9) Viens me voir, que nous (passer) la soirée ensemble.

10) De peur que le prisonnier ne lui (échapper) le gendarme lui avait mis les menottes.

11) J'ai pris mes précautions pour que mes vacances (être réussies).

12) Je la pressais de questions pour qu'elle me (dire) la vérité.

13) Je prêchais le faux pour (savoir) le vrai.

14) Je vous réponds tout de suite afin que ma lettre vous (parvenir) au plus tôt.

15) Il fallut employer les grands moyens pour que l'emprunteur (rembourser) sa dette.

16) Il étudiait minutieusement son morceau de piano afin que son professeur (être content) de ses progrès.

17) Il évitait le regard de sa mère afin qu'elle (ne pas comprendre) son désarroi.

III — Répondez à ces questions par une relative au subjonctif exprimant le but :

Exemple : Voudriez-vous une femme sportive ? Je voudrais surtout une femme **qui sache** bien faire **la** cuisine

1) Voulez-vous un appartement orienté au Nord ? Non je voudrais un appartement qui . . .

2) Désirez-vous une robe du soir ? Non je désire une robe qui . . .

3) Souhaitez-vous un mari médecin ? Non je souhaite un mari qui . . .

4) Cherchez-vous la traduction en français de ce roman ?
Non je cherche une édition qui . . .

5) Aimeriez-vous avoir des enfants trop silencieux ?

6) Habiteriez-vous ce quartier périphérique ?

7) Mangeriez-vous une salade niçoise ?

8) Donneriez-vous votre confiance au premier venu ?

9) Liriez-vous ce roman de San Antonio ?

10) Irez-vous faire cette randonnée de six heures en montagne ?

11) Allez-vous acheter une voiture très puissante ?

12) Souhaitez-vous harmoniser vos rideaux et votre dessus-de-lit ?

13) Que pensez-vous installer dans votre appartement ? Un éclairage central ou de petites lampes ?

14) Quel genre d'études aimeriez-vous entreprendre ?

15) Avez-vous une idée de l'endroit où vous irez passer vos vacances ?

16) Pour ces réparations dans votre villa, voulez-vous faire venir un ouvrier spécialisé ou un bricoleur ?

17) Quel genre de fleurs allez-vous semer dans cette plate-bande ?

18) Etes-vous particulièrement fixé sur une marque d'aspirateur ? (fam.).

IV — Travail écrit

1) Qu'est-ce qu'une vocation ? En avez-vous une ? Travaillez-vous dans le but de la réaliser ?

2) "L'homme n'est pas fait pour le travail, et la preuve, c'est que ça le fatigue". Etes-vous d'accord avec cette boutade de Tristan Bernard ?

L'HYPOTHÈSE – LA CONDITION

Procédés différents pour exprimer la condition et l'hypothèse.

I – SI + INDICATIF

1) Si + Présent ——————► Futur

>   Ex : "Si je vais à Londres cet été, j'apprendrai l'anglais".

2) Si + Imparfait ——————► Conditionnel présent

>   Ex : "Si j'allais à Londres cet été, j'apprendrais l'anglais".

3) Si + Plus-que-parfait ——► Conditionnel passé

>   Ex : "Si j'étais allé à Londres cet été, j'aurais appris l'anglais".

Remarque :

Il existe une 2e forme, littéraire, du conditionnel passé. (Ne pas confondre avec un subjonctif plus-que-parfait).

>   Ex : "Si j'étais allé à Londres, j'eusse appris l'anglais".

>   (Cette tournure, très recherchée, est démodée)

Cas particuliers :

a) **double hypothèse :**

Si + indicatif . . . et que + subjonctif

>   Ex : "**Si** tu **viens** à Grenoble et **que** tu **aies** envie de faire du ski, j'irai avec toi".

b) **s'il est vrai que + indicatif**

>   Ex : "S'il est vrai qu'elle ne sait pas tenir sa langue, ne lui fais pas de confidences".

II – LOCUTIONS CONJONCTIVES + SUBJONCTIF OU INDICATIF :

a) que, à condition que, pourvu que, en admettant que, pour autant que, pour peu que, si tant est que, soit que ... soit que, à moins que, + ne (explétif), à supposer que, supposé que, en supposant que, etc.

> Ex : "A condition que vous partiez avant la nuit vous n'aurez pas à craindre le verglas sur la route"

> Ex : "Si tant est qu'il revienne sur sa parole ne croyez pas en ses promesses".

b) suivant que, selon que ... (ou que ...)

III – LOCUTIONS CONJONCTIVES + CONDITIONNEL

– **Le conditionnel après** : au cas où, dans le cas où, pour le cas où, dans l'hypothèse où, quand bien même.

> Ex : "Au cas où je serais absent quand vous viendrez, la clé est sous le paillasson".

IV – LES PROPOSITIONS INDEPENDANTES

1) avec inversion du sujet :

> Ex : "Survienne le moindre obstacle, il jette tout de suite le manche après la cognée".

2) à l'impératif :

> Ex : "Oignez vilain, il vous poindra ; poignez vilain, il vous oindra".
> (vieux proverbe français)
> "Taisez-vous, il vous le reprochera. Ne vous taisez pas, il vous le reprochera encore"

3) au conditionnel (dans la conversation) :

> Ex : "Tu serais à sa place, tu ne ferais pas mieux".

V – AUTRES PROCEDES

1) L'infinitif après : "à condition de – à moins de, à, de, sans" ..

> Ex : "A condition de vous lever tôt, vous pourrez terminer votre travail à midi. (note : le sujet est le même dans les deux propositions)
> "A vous croire, ce serait la mer à boire ! "

2) un gérondif en tête de phrase:

> Ex : "En travaillant plus sérieusement, vous réussiriez". (même sujet dans les deux propositions)

3) un participe:

> Ex : "Le train arrivant avec 2 heures de retard, vous ferait manquer la correspondance".

4) un adjectif opposé à un nom ou à un pronom:

> Ex : "Plus jeune, il aurait fait ce travail en un tournemain".

5) une proposition relative au conditionnel:

> Ex : "Un homme qui ne serait pas énergique, ne serait pas un homme".

6) un nom précédé de : avec, dans, en, en cas de, sauf:

> Ex : "Avec de la ténacité, on arrive à tout".
> "Je serai au rendez-vous sauf obstacle imprévu".

7) un adverbe : autrement, sinon:

> Ex : "Hâtez-vous, sinon vous manquerez le train.

8) La tournure de la phrase : la condition est sous entendue :

> Ex : "Encore un peu de patience, assurait le coiffeur, et c'est fini". (fam.).

EXERCICES

I — Comment est exprimée la condition dans les phrases ci-dessous :

1) Qu'il fasse beau ou non, nous partons demain.
2) N'était la crainte de nous enrhumer, on se baignerait bien au clair de lune.
3) Se serait-elle vantée de ses succès, cela ne m'étonnerait pas outre mesure.
4) Encore un petit effort, vous verrez que vous arriverez au bout de vos peines.
5) Hâtez-vous, sinon il sera trop tard.
6) S'il avait fait beau, nous aurions fait l'excursion de la Mer de Glace.
7) Nous ferons comme si nous n'avions rien remarqué.
8) Nous aurions été heureux, s'il eût pu venir avec nous.
9) Si le temps était douteux et que les routes fussent dangereuses, nous renoncerions à notre voyage.

10) Le renard franchit-il la clôture, il dévaste le poulailler. (lit.)
11) A l'entendre, ce serait une erreur.
12) Soyez patient, vous serez récompensé de votre peine.
13) Au cas où vous l'ignoreriez, je suis décoré du Mérite Agricole.
14) A vaincre sans péril, on triomphe sans gloire. (lit.)
15) A condition d'en avoir les moyens, vous ferez le tour de la Côte d'Azur.
16) En travaillant davantage, elle réussirait à son examen.
17) Je serais à votre place, je n'aurais pas confiance en ce chenapan. (l. parlé)
18) Faites le guet, le renard saura attendre. (lit.)
19) Une femme qui ne serait pas coquette ne serait pas une vraie femme.
20) Vienne l'aube . . . les coqs réveillent la campagne de leurs chants matinaux.
21) Ce menuisier se reconvertissant, serait un excellent ébéniste.
22) A moins d'avoir un incident imprévu, il gagnera le Tour de France.
23) Avec de l'énergie vous vaincrez tous les obstacles.
24) Je vous ferai signe, sauf contre-ordre.
25) Je suis décidé à barrer à nouveau les routes, quitte à ce que je fasse l'objet de poursuites correctionnelles (le maire de Saint-Amand-les-Eaux. (cf Le Monde 6/2-73)

II — Mettre au temps voulu les infinitifs entre parenthèses.

1) Si l'avion de Rome n'a pas de retard, mon ami (arriver) à 4 heures.
2) Si je trouve votre soeur, je l'(amener) ici, mais si je ne la trouvais pas je la (faire) appeler par haut-parleur.
3) Si vous me donniez une photo de votre sœur, je la (reconnaître) plus facilement.
4) Si j'étais riche, je (voyager) beaucoup.
5) Si votre soeur n'avait pas été en retard, j'(faire) sa connaissance.
6) Si vous aviez roulé à droite, vous (ne pas avoir) un accident.
7) Si vos amis ne (venir) pas, je vous accompagnerais chez eux.
8) S'ils ne (venir pas), je prendrai un taxi.
9) S'ils déjà (arriver) ils m'auraient attendu.
10) Si l'avion (arriver) votre ami vous y attend peut-être.
11) Si ma soeur (arriver) elle ne me trouvera pas.
12) Et si elle ne me (trouver) pas, elle serait très inquiète.
13) Si ma soeur ne me (trouver) pas, elle croira que j'ai manqué l'avion.
14) Si je le (trouver), je l'amène ici.
15) Si je le (trouver), je l'amènerai ici.
16) Mais si je ne le (trouver) pas, je m'en irais.
17) Elle n'est pas arrivée ; si elle (être arrivée) je l'aurais trouvée (sinon, autrement).
18) Si mon ami (arriver) plus tôt, je ne vous aurais pas rencontrée.
19) Et si ma soeur (arriver) à l'heure je ne serais pas venu avec vous.
20) Si nous (ne pas partir) tout de suite, j'arrive en retard.

III — Mettre au temps voulu les verbes entre parenthèses:

1) Si vous (vouloir) bien vous entendre avec lui, il vous faudra faire des concessions.
2) Si tu débarassais le plancher en vitesse, tu me (faire) plaisir. (fam.).
3) Je viendrai dîner chez vous à condition que vous me (recevoir) sans façon.
4) S'il était monté sur les planches (l. parlé) plus tôt et qu'il (avoir) plus de confiance en lui-même, il (être devenu) un acteur célèbre.
5) Pour peu que la vipère (être effrayé), elle devient agressive.
6) Au cas où tu (en être de sa poche), préviens moi, je te rembourserai la différence.
7) Un politicien qui ne (connaître) rien à l'économie, (n'avoir) aucun avenir.
8) S'il est vrai que l'équitation (se démocratiser) de plus en plus, elle reste encore un sport coûteux.
9) Nous pourrions aller faire de l'escalade à moins que vous ne (avoir) le vertige.
10) Dans le cas où vous (avoir eu vent) de cette histoire, il pourrait vous donner des explications entre quatre yeux. (l. parlé)
11) Vous pourrez sous-louer votre appartement pourvu que cette clause (être) bien inscrite dans votre bail.
12) Dans l'hypothèse où votre adversaire (contester) votre déclaration, demandez conseil à votre assurance.
13) (Etre)-vous le seul à me l'affirmer, je vous croirais.
14) Adressez-vous à ce bureau d'embauche à supposer que votre cas (pouvoir) y être résolu.
15) Au cas où le métro (être bondé) je vous conseille de prendre l'autobus ou un taxi.
16) Si son salaire (être augmenté) et qu'il (avoir droit) à ces prestations familiales, il pourrait mener une vie décente.
17) Ils s'acclimateront bien à ce nouveau quartier pourvu qu'ils (être) favorablement accueillis par les voisins.
18) Si le film n'avait pas eu un scénario aussi extravagant, il (pouvoir) être couronné par le Festival de Cannes.
19) Si l'on eût tenu les portes fermées, jamais le peuple ne (être entré) dans la forteresse. (Chateaubriand)

IV — Travail écrit :

1) Si vous aviez un mois de vacances inattendu, comment l'utiliseriez-vous ?
2) Si vous pouviez revivre une période de l'histoire, laquelle choisiriez-vous et pourquoi ?

EXPRESSION DE LA CONCESSION

On peut exprimer la concession, l'opposition et la restriction.

I – DANS DES PROPOSITIONS INDEPENDANTES

1) coordination :

mais, pourtant, cependant, néanmoins, toutefois, par contre, or.

Ex : Il devait venir à 8 heures ; or il n'est pas venu:

2) locution : avoir beau :

Ex : Elle a beau avoir des qualités, elle a aussi des défauts.

3) Inversion au subjonctif ou au conditionnel (très littéraire):

Ex : "Dût-il m'en coûter la vie, je ne partirai pas.
"L'aurait-il su, il ne l'aurait pas épousé.

4) Renversement de la phrase avec "que":

Ex : "Je l'aurais vu de mes propres yeux que je ne le croirais pas",
devient : "l'aurais-je vu de mes propres yeux que je ne le croirais pas"

Cette deuxième construction est très littéraire

II – DANS DES PROPOSITIONS SUBORDONNEES CONJONCTIVES

Trois modes possibles : ⎧ subjonctif.
⎨ indicatif.
⎩ conditionnel.

1) Subjonctif:

Bien que ; quoique ; quelque . . . que ; si . . . que ; pour . . . que ;
encore . . . que ; qui . . . que ; quel . . . que.

Ex : Bien qu'il soit malchanceux, il a gagné le gros lot.

Note : Avec "si . . . que" on peut remplacer "que" par une inversion du sujet.

Ex : Si malchanceux soit-il, il a gagné le gros lot.(littéraire).

2) Indicatif :

Après : "même si . . . ; alors que ; tandis que ; tout . . . que . . ."

Ex : "Même si je l'avais vu de mes propres yeux, je ne le croirais pas".

Note : La conjonction si + indicatif, exprime parfois une idée d'opposition :

Ex : Si elle a des qualités, elle a aussi des défauts.

3) Conditionnel

Après : "quand ; quand même ; quand bien même ; alors même que ;

Ex : "quand tous vos amis vous abandonneraient, je resterais avec vous".

Note : On peut supprimer la conjonction et faire une inversion (avec ou sans "que")

Ex : "Tous vos amis vous abandonneraient-ils, je resterais toujours avec vous".

III — DANS DES PROPOSITIONS RELATIVES

Il faut alors séparer l'antécédent du relatif, par une virgule.

Ex : "Cette fille, qui a des défauts, a bien aussi des qualités".

IV — AUTRES PROCEDES

1) préposition + nom :

Malgré — en dépit de (plus littéraire)

Ex : "Malgré sa jeunesse, il a de l'expérience".

2) au lieu de ; loin de ; sans + infinitif ;

en tête de phrase

Ex : "Au lieu de bavarder, vous feriez mieux de travailler"
"Sans se presser, il arrive quand-même en avance.

3) Un adjectif, un nom, un participe (passé ou présent) en tête de phrase, dont le sens s'oppose à l'idée principale

> Ex : "Jeune, il a pourtant de l'expérience".
> "Partis en même temps, le Lièvre et la Tortue ne sont pas arrivés ensemble".
> "Courant à toute allure, il est arrivé en retard".

EXERCICES

I — Remplacer les points de suspension par les mots qui conviennent :

1) (...) mille et une péripéties que je vous raconterai à l'occasion, nous sommes arrivés à bon port.
2) (...) elle ait eu la vie dure depuis longtemps, elle gardait toujours le sourire.
3) Il (...) être sourd, il entend toujours ce qu'on ne voudrait pas qu'il entende.
4) J'ai de la peine à le comprendre : vous avez des troubles hépatiques et (...) vous ne voulez vous astreindre à aucun régime.
5) (...) mon ami ait l'air de tout prendre à la légère, il ressent les choses beaucoup plus fortement qu'on ne le croit.
6) Dans la vie, (...) il y a des roses, il y a aussi des épines.
7) Quand vous serez en voyage, envoyez-moi un petit mot de temps à autre : (...) court soit (...), il me fera grand plaisir.
8) (...) une forte fièvre, il n'a pas voulu renoncer au pique-nique projeté.
9) (...) le jardinier ait tondu la pelouse depuis très peu de temps, l'herbe est haute, à nouveau.
10) (...) embarassé (...) vous soyez, n'ayez pas peur de demander de l'aide.
11) (...) il est bon orateur, je n'aime pas l'entendre car sa pensée est souvent difficile à cerner.
12) (...) tu ferais acte de présence, je saurais bien qu'en réalité tu aurais l'esprit ailleurs.
13) (...) amoureux de Paris (...) il soit, il habite cependant la province.

II — Même travail :

1) (...) elle soit vétuste, cette grande maison a encore belle allure.
2) La reliure de ce livre me plaît (...) elle n'est plus très fraîche.
3) (...) le chapeau haut-de-forme ne soit plus à la mode, on le porte encore quelquefois pour les cérémonies.
4) Mes plantes ont gelé cet hiver : (...) tous mes soins, elles n'ont plus reverdi.
5) (...) George Sand et Chopin étaient ravis de leur séjour à Majorque les premières semaines de leur voyage, ils ont été déçus par la suite.

6) (. . .) soit ma fatigue, j'assisterai à votre mariage.

7) (. . .) cette personne ne partage pas mes opinions, je l'admire parce qu'elle est intelligente et loyale.

8) (. . .) compétent soit (. . .), aucun médecin n'est à l'abri d'une erreur de diagnostic.

9) Le printemps (. . .) être précoce, les violettes ne sont pas encore fleuries.

10) Tu redoutes le froid et (. . .) tu ne prévois pas un chauffage d'appoint pour les demi-saisons.

11) Un moustique (. . .) il est très petit, peut vous agacer toute une nuit.

12) (. . .) sa timidité, il a pris son courage à deux mains (l. parlé) pour faire une visite de condoléances.

13) (. . .) il avait un contrat de travail, l'ouvrier a été mis à pied avec un préavis d'un mois.

14) (. . .) les endives ne soient pas un légume très nutritif, on en mange fréquemment en France car on peut les accommoder de manières très variées.

15) (. . .) vous ayez dilapidé votre capital, vous n'êtes pas dans le besoin pour le moment.

16) (. . .) il ait graissé la patte (fam.) du concierge, il n'a pu obtenir un appartement.

17) Le froid (. . .) cause du verglas sur les routes, fait la joie des skieurs .

III — Substituez l'expression "avoir beau" aux autres tournures employées dans les phrases suivantes:

1) Tu avais envie de rire et pourtant tu as gardé ton sérieux.

2) Il y a du soleil et il gèle à pierre fendre.

3) Il est facile de faire un soufflé au fromage, mais cependant on peut ne pas le réussir.

4) Ce garçon est jeune et il a de la maturité d'esprit.

5) Tu es très engagé dans la vie politique, cependant tu t'abstiens de voter.

6) On a l'impression qu'il agit d'une manière inconséquente, mais il garde son bon sens.

7) Je n'ai que parcouru votre livre ; mais d'ores et déjà, je sais qu'il me passionnera.

8) La vieille dame fait la sourde oreille, bien qu'elle comprenne très bien les insinuations de ses futurs héritiers.

9) Il savait que l'affaire était dans le sac (fam.) et pourtant il se faisait des cheveux blancs. (fam.).

10) Sous des dehors sévères, c'est un pince-sans-rire.

11) Bien que vous soyez très perspicace, vous ne devinerez jamais le fin mot de l'histoire.

12) Malgré leur valeur, j'ai dû mettre certains meubles au rancart.

13) Bien qu'il ait en général une certaine déférence envers ses parents, l'enfant a haussé les épaules quand sa mère lui a parlé.

14) Malgré sa patience, il a mis son armoire sens dessus dessous pour chercher son livret de Caisse d'Epargne.

15) Il est souvent dans la lune mais il a bien les pieds sur terre.

16) Cette escroquerie était cousue de fil blanc et pourtant je m'y suis laissé prendre. (l. parlé)

17) Son frère lui a donné du fil à retordre pendant des années et cependant il n'a jamais douté de sa réussite.

18) Vous parlez à mots couverts, mais je comprends tout ce que vous insinuez.

19) Berlioz a eu des aventures orageuses au cours de sa vie, mais il est toujours resté amoureux d'une jeune fille qu'il avait rencontrée dans son adolescence.

IV — Introduisez une idée d'opposition dans les phrases en variant les tournures autant que possible:

1) Il est malade ; il mène la vie de tout le monde.

2) Il gagne de l'argent ; ce n'est pas le Pérou.

3) Le marchand a l'air honnête ; ce n'est qu'une apparence.

4) Cette broderie semble faite à la main ; elle est faite à la machine.

5) On le croit patient ; il est "soupe-au-lait" (fam.).

6) Son chien a l'air doux ; il mord ceux qui s'approchent de trop près.

7) Il sort avec une canne blanche ; il y voit suffisamment pour se conduire.

8) Il est aléatoire que tu aies ce poste ; tu aimerais l'obtenir.

9) L'antiquaire restaure les vieux meubles avec une grande habileté ; un spécialiste ne s'y trompe pas.

10) Cet enfant dépérit ; sa mère ne le voit pas.

11) Mes souliers neufs me font mal aux pieds ; je les mets chaque jour.

12) Vous avez commis des erreurs ; vous n'avez pas perdu confiance en vous.

13) Le voleur marchait à pas feutrés ; il a été entendu.

14) Ma ville est très étendue ; je la connais comme le fond de ma poche. (fam.).

15) Vous êtes souvent morose ; vous avez tout pour être heureuse.

16) Vous avez l'air d'accepter les critiques facilement ; dans votre for intérieur vous êtes susceptible.

17) Il bannit certaines expressions de son vocabulaire, il est quelquefois grossier.

18) Vif et plein de gaieté autrefois, on le voyait maintenant morne et affaissé.

19) Il était courageux, il ne venait pas à bout de sa tâche.

20) Je suis gascon ; je ne me vante pas toujours.

21) Elle fait partie d'une chorale ; elle chante terriblement faux.

V — Mettre les verbes entre parenthèses, aux temps voulus — Attention à la concordance des temps:

1) Il emporte un grand parapluie, bien que le temps (être) au beau fixe.

2) Elle gardait son manteau de fourrure sur elle, bien que la salle (être) chauffée.

3) Quelque désireux qu'il (être) de plaire à l'auditoire, il ne sut que l'endormir.

4) Quoique sa maladie (être) sans remède, il fait de nombreux projets d'avenir.

5) Il cherche toujours des expressions rares et relevées bien qu'il (être) d'origine modeste.

6) Si pauvre qu'il (être) il trouvait moyen d'apporter un souvenir à chacun.

7) Le couvreur, tout (maugréer) contre les intempéries, a repris son travail (l. parlé).

8) Il a continué sa besogne quoique le temps (être) incertain.

9) Quoiqu'il (être) patient, il était irritable.

10) Quoique la Tour Eiffel (avoir) plus de cent ans, elle tient toujours debout.

11) Bien que l'on (être) au mois de Mai, on pouvait encore skier à basse altitude.

12) Tout astucieux qu'il (être) il s'est fait rouler (fam.).

13) Quand bien même le ciel (être dégagé), il emporterait son parapluie.

14) Tandis qu'il (dormir) sur ses deux oreilles, son fils fait des siennes.

15) Alors même que vous (savoir) pertinemment que vous allez le contrarier, vous agissez contre son gré.

16) Si robuste qu'elle (être), on ne peut demander l'impossible à une voiture.

17) Même si vous (arriver) à vos fins, vous ne l'emporterez pas au Paradis. (fam.).

18) Quoique vous (faire), qui que vous (être) vous serez toujours battu avec lui.

VI – TRAVAIL ECRIT :

1) Cherchez dans un journal les caractéristiques des différents signes du Zodiaque. Choisissez-en deux ou trois et examinez en quoi ils s'opposent.

2) Comparez votre caractère avec celui d'un membre de votre famille. Mettez surtout en relief les oppositions.

3) On vous a proposé un travail intéressant et correspondant dans une certaine mesure à vos aptitudes. Pourtant vous écrivez une lettre en expliquant les raisons qui vous ont poussé à y renoncer.

RÉVISION GÉNÉRALE
DES EMPLOIS DU SUBJONCTIF

On se reportera pour chaque cas particulier au chapitre correspondant.

Le subjonctif s'emploie pour exprimer :

1) Le souhait, le désir, l'intention, le conseil, l'exhortation :

> Ex : "Pourvu qu'il guérisse".
> "Je souhaite que vous réussissiez".
> "Je suis d'avis qu'il fasse son service militaire au plus tôt".
> "Elle cherchait un camarade qui fasse de l'auto-stop avec elle".

2) L'ordre — l'obligation :

> Ex : "Que personne n'entre ici".
> "Je veux que vous m'écoutiez".
> "Il faut que vous réussissiez".

3) La permission

> Ex : "Je veux bien que vous alliez au bal".

4) La supposition, l'hypothèse, la possibilité, l'indignation, la concession :

> Ex : "Qu'il soit en retard, et il aura de mes nouvelles".
> "Bien qu'il ait du chagrin, il fait bonne contenance".

5) La crainte :

> Ex : "Je redoute qu'il ait le mal de mer".

6) Les sentiments :

> Ex : "Il est heureux que sa femme soit remise".

7) Le doute et l'opinion sous forme négative et interrogative :

> Ex : "Crois-tu qu'il soit rentré ?"
> "Je ne pense pas que ce soit la seule solution".

8) Après des tours impersonnels :

> "Il est temps que ... Il est urgent que ... Il faut que ... Il suffit que ..." etc ...

9) En tête de phrase dans des propositions sujets ou compléments :

> Ex : "Qu'il soit malin, c'est évident".
> "Qu'il soit casse-cou, je l'ai toujours dit".

10) Pour marquer certaines circonstances : but — temps — cause — conséquence — condition — concession :

> Ex : "J'attends que tu sortes et je travaillerai jusqu'à ce qu'il fasse nuit".
> "Il a envoyé un télégramme pour que les siens soient rassurés".
> "J'emporte mon parapluie, non qu'il pleuve, mais parce qu'on ne sait jamais !" (fam.).
> "Il marchait trop vite pour qu'on puisse le suivre".
> "J'irai à ta rencontre, pour peu que cela te fasse plaisir".
> "Bien qu'il soit vantard, il est sympathique".

11) Pour exprimer un fait vague, indéfini, mal localisé dans le temps ou l'espace, une restriction (par exemple après une expression superlative) :

> Ex : "J'ai vu peu de gens qui soient aussi gentils que vous".
> "Il n'y a personne qui sache prendre cet enfant aussi bien que vous".
> "C'est le plus beau jardin que j'aie vu".

EXERCICES

I — Mettre au mode voulu les infinitifs entre parenthèses :

1) Pensez-vous qu'il (être de taille) à réussir à l'examen ?
2) Je nie qu'il (être) malhonnête mais je ne nie pas qu'il (avoir fait) des sottises.
3) Je souhaite que vous (obéir) sans discuter.
4) Victor Hugo est le plus grand poète que la France (avoir connu).
5) La "Peau de Chagrin" est le seul roman de Balzac que vous (avoir lu).
6) C'est l'homme le plus intelligent que nous (avoir rencontré) jamais.
7) Je sens qu'il (avoir été maladroit) et qu'il (avoir mis) les pieds dans le plat. (fam.).
8) Il me semble que vous (avoir fait) des progrès.
9) On dit que le Président (être) malade.
10) Il semble que ce (être) un faux bruit.
11) Qu'importe que vous (n'avoir pas) fait l'exercice ; l'essentiel est que vous (connaître) cette règle.

12) Il est probable qu'il (avoir) le portefeuille des Affaires Etrangères.
13) Le fait qu'il (être venu) prouve qu'il n'était pas fâché.
14) Le fait qu'il (avoir) une maladie de coeur l'handicape sérieusement.
15) Je n'entrerai que lorsqu'il (avoir terminé) de parler.
16) Il est digne qu'on lui (faire) les propositions les plus honorifiques.
17) Je ne suis pas sûr que cette solution (être) la meilleure.
18) Je suis sûre que vous (aller) me parler de votre dernier voyage.
19) Le bruit court que vous (changer) de métier.

II — Même travail:

1) Mon désir est que vous (faire) des progrès.
2) S'il (pleuvoir) dimanche et qu'il (faire) froid, nous resterions au coin du feu.
3) Il se plaint qu'on l' (avoir puni) sans motif et ses professeurs se plaignent de ce qu'il (être) distrait.
4) Tout marseillais qu'il (être) et si farfelu qu'il (paraître), c'est un homme sérieux.
5) J'entends que vous m'(obéir) sans sourciller.
6) J'entends que l'horloge (sonner).
7) Cela m'ennuie beaucoup que vous (avoir) du chagrin.
8) Ne va pas te figurer que tu (être) le centre de l'univers.
9) Il est d'avis que vous (suivre) des cours de recyclage.
10) Je veux bien que vous (avoir) des initiatives mais je n'admets pas que vous (dépasser) vos prérogatives.
11) J'ai dit qu'on (faire) suivre mon courrier, mais l'employé de la poste m'a dit qu'il (falloir) remplir une fiche.
12) A supposer que vous (avoir fini) vos devoirs tard ce soir, quand (apprendre)-vous vos leçons ?
13) Pour peu qu'elle (être) de bonne humeur, elle (être) charmante.
14) Même si vous (être venu) avec moi, vous n'en auriez pas appris davantage.

III — Même travail:

(Ces phrases appartenant au style littéraire, vous ferez la concordance des temps dans tous les cas).

1) Craignant que Gertrude ne (s'étioler) à demeurer auprès du feu sans cesse comme une vieille, j'avais commencé de la faire sortir. (Gide)
2) Meaulnes repartit pour Paris sans que je (pouvoir) le voir. (A. Fournier)
3) Il demanda qu'on lui (attacher) les mains. (Mérimée)
4) L'homme attendit respectueusement qu'ils (avoir franchi) la porte.
5) Sa grande peur était qu'il (venir) à découvrir son secret.
6) Avant que la foule (avoir) le temps de jeter un cri, il était sous la voiture. (V. Hugo)

7) Quelques minutes seulement avant que le premier rayon du jour (disparaître), je descendis. (Fromentin)

8) Elle aurait voulu qu'on l'(entourer) de soins attentifs.

9) Il s'arrêtait après chaque phrase pour que la traduction (être faite) aussitôt. (Malraux)

10) Je ne faisais presque aucun mouvement afin qu'on ne (m'entendre) pas d'en bas. (Proust)

11) Elle aurait voulu qu'il y (avoir) toujours là des invités, du bruit, quelque chose qui (l'étourdir) et l'(isoler). (Flaubert)

12) Peu importait que sa maison (être) éloignée ou proche, qu'elle ne (pouvoir) ni me réchauffer dans ma chair, ni m'abriter. (Saint Exupery)

13) Il voulait que Berthe (être) bien élevée, qu'elle (avoir) des talents, qu'elle (apprendre) le piano.

14) La mère nourrira ses petits oiseaux jusqu'à ce qu'ils (n'avoir) plus besoin d'elle.

15) Les autobus se succèdent sans interruption sans que je (s'en apercevoir). (H. Calais)

16) Mon histoire est vraie en tous points, quelque invraisemblable qu'elle (paraître)

17) Il savait maintenant ce qu'il devait dire, si douloureux que cela (être). (Gide)

18) Il veut qu'on l'(écouter) ; il veut qu'on le (comprendre).

19) Pourvu que tu y (être) à dix heures, cela suffira. (Pagnol)

20) S'ils (aller) ce soir au théâtre et que nous (pouvoir) les voir sans être vus, je vous donnerai le spectacle de cette scène. (Balzac)

IV – Même travail :

(Attention, cet exercice comprend un grand nombre de tournures familières utilisées en français parlé)

1) Il s'est endormi pendant la conférence ; le fait est que le sujet n'(être) pas passionnant.

2) Il a pris le taureau par les cornes pour que sa situation (s'améliorer) et que l'affaire ne (traîner) plus en longueur.

3) Elle a mauvaise mine, non qu'elle (être) gravement malade, mais tout simplement parce qu'elle (avoir) un "coup de pompe". (l. parlé)

4) Après qu'elle (avoir poussé) les hauts cris, elle admit que cette combinaison brodée (valoir) son prix.

5) J'ai l'impression que vous (filer) un mauvais coton. Vous (devoir) vous reposer de crainte que votre santé ne (être) complètement détériorée.

6) J'ai acheté ce fusil bien qu'il m'(avoir coûté) les yeux de la tête.

7) Tout berrichon qu'il (être) il a un nom à coucher dehors. (fam.).

8) Il a pris son courage à deux mains de façon que sa thèse (être rédigée) avant la session de Juin.

9) Le jeune couple s'était installé chez ses parents de sorte qu'il (vivre) à leurs crochets. (fam.).

10) Même si vous (gagner) votre croûte (fam.) vous (tirer) le diable par la queue.
11) Il est indispensable que tu lui (mettre) les points sur les i.
12) Pour peu qu'il (boire) un verre de bière à jeun, il prend une cuite. (fam.).
13) Pour en avoir le coeur net, je crois que je (aller) lui "tirer les vers du nez". (fam.).
14) Quelles que (être) les questions des journalistes, il répondait toujours du tac au tac.
15) Je vais vous donner un coup de main, afin que vous ne (être) pas trop débordé.
16) Je ne vois rien dans ce bric-à-brac qui ne (être) du toc.

V — Même travail :

(Cet exercice comprend également des tournures familières utilisées en français parlé)

1) Pour peu qu'on le (contredire), la moutarde lui monte au nez.
2) Dès que la glace (être rompue), les conversations sont allées bon train.
3) Si vous acceptez cet emploi de démarcheur, vous (avoir) souvent l'occasion de voyager aux frais de la princesse. (fam.).
4) Afin que cette affaire (se terminer) rapidement, essayons de couper la poire en deux.
5) Pour que la bonne entente (régner) dans la maison, il faut que chacun y (mettre) un peu du sien.
6) Elle est au lit avec une fièvre carabinée parce qu'elle (prendre froid).
7) Vous me semblez trop vieux jeu : il faut que vous (être) davantage dans le vent.
8) Lorsqu'il (avoir) des soucis, il n'est pas à prendre avec des pincettes.
9) Bien qu'il (avoir) fait la noce et qu'il (avoir) un peu la gueule de bois (vulgaire), il est allé vaillamment à son travail le lendemain matin.
10) Même s'il (prétendre) avoir du nez et quoiqu'il (être) beau parleur, il a quand même essuyé un échec dans sa plaidoirie.
11) Si tu (semer) la zizanie et que tu (faire) le vide autour de toi, ne t'étonne pas de n'avoir plus d'amis.
12) Puisqu'il (avoir) du bagou et qu'il (avoir) de la répartie, il sera difficile de le mettre en boîte. (fam.).
13) Si tu me (faire) tourner en bourrique et que je (perdre) patience, je prends mes cliques et mes claques. (fam.).
14) Sortez avant que je ne me (mettre) en boule et que vous ne (voir) de quel bois je me chauffe. (f. parlé).
15) Il a dit qu'il en (avoir assez) que vous lui (mettre) les bâtons dans les roues, et que vous lui (laisser) désormais carte blanche.
16) Elle a acheté un réchaud afin qu'il (pouvoir) lui-même faire sa popote. (fam.).

17) Pourvu qu'il (débarasser) le plancher le plus tôt possible !
18) Si tu (être) dans le pétrin, je te prêterai de l'argent.
19) Comme il en (pincer) pour sa secrétaire, il (tourner – passé-composé) longtemps autour du pot avant de le lui dire. (très fam.).
20) Quoiqu'on lui (avoir proposé) souvent des pots-de-vin, il les a toujours refusés.
21) Bien qu'il (n'avoir pas inventé) la poudre, c'est un brave garçon.
22) En admettant que tout (aller) comme sur des roulettes, je ne pense pas que ce travail (pouvoir) être fini avant deux mois.

V – Travail écrit :

1) Le terrorisme vous paraît-il un moyen d'action légitime ?
2) Esprit sportif et chauvinisme.

VI – Remplacez selon le cas l'infinitif par un indicatif ou un subjonctif :

1) J'espère que tu (m'écrire).
2) Je souhaite que tu (venir) avec moi.
3) Jacques attend qu'il ne (pleuvoir) plus.
4) Il me semble que vous (être) content.
5) Faut-il que j'y (aller) ?
6) C'est le dernier journal qui (paraître) le soir.
7) J'ignorais que vous (pouvoir) sortir le dimanche.
8) Elle cherchait un emploi qui lui (permettre) d'élever ses enfants.
9) Il semble que vous (avoir) raison.
10) Il est utile que vous (passer) le permis de conduire.
11) Pourvu que le temps (être) beau, nous pourrions aller nous promener.
12) Que vous (partir) ou que vous (rester) chez vous, cela m'est égal.
13) A supposer qu'il (être) malhonnête, on ne peut lui laisser carte blanche.
14) Je doute qu'il (venir) avec nous.
15) Il est probable que sa candidature ne (être) pas acceptée.

CONDITIONNEL

I – TROIS TEMPS

- présent
- passé 1ère forme (le plus fréquent)
- passé 2ème forme (très littéraire)

II – ACTION SOUMISE A UNE CONDITION EXPRIMEE OU SOUS-ENTENDUE

Ex : "Si j'étais riche, je ferais construire une maison".

III – FUTUR DANS LE PASSE

Ex : "Je savais qu'il viendrait".

IV – SENS PARTICULIERS

1) fait douteux, incertain – affirmation atténuée :

Ex : "Une manifestation aurait rassemblé quelques centaines de militants".

2) politesse :

Ex : "Je voudrais vous parler".

3) fiction – simple imagination

Ex : "Tu serais la reine".

4) protestation – indignation :

Ex : "Moi ! Vous imaginez-vous que je travaillerais pour vos beaux yeux ! ".

5) hypothèse:

> Ex : "Au cas où il aurait un malaise, donnez-lui un doigt d'Armagnac".

6) concession — opposition:

> Ex : "Quand même les apparences seraient contre elle, ne lui jetez pas la pierre".
> "Serait-il malade, il viendrait travailler".

Remarque:

On ajoute quelquefois dans ce genre de tournures les mots : toutefois — néanmoins — cependant — pourtant — quand même.

> Ex : "Serait-il malade, il viendrait quand même travailler".

7) "savoir" au conditionnel + l'infinitif précédé de la négation "ne" a le sens de "pouvoir".

> Ex : "Après examen de votre dossier, nous ne saurions donner suite à votre demande".

EXERCICES

I — Mettre au temps voulu les infinitifs entre parenthèses :

1) Elle m'a fait la promesse que nous (se marier) bientôt.
2) Mozart (avoir donné) son premier concert à l'âge de 5 ans.
3) Nerval (s'être suicidé), en se pendant, rue de la Vielle-Lanterne à Paris.
4) Comment ! Vous m'(avoir caché) cette mésaventure !
5) Vous (avoir été battu) à plate couture (l. parlé) aux dernières élections, qui (l'avoir cru) ?
6) "Jouons aux Indiens. Tu (être) le shérif. Moi je (être) le chef de la tribu. Nous (enterrer) la hache de guerre et pour finir, on (fumer) le calumet de la paix", disait le gamin à son copain. (fam.).
7) Vous ne (savoir) imaginer combien j'ai été touchée de votre visite.
8) Il a passé cinq ans dans la marine. Il lui en est resté quelque chose, ne (être) ce que le pied marin ! ! !
9) Vous avez bâclé votre travail : on ne (savoir) aller plus vite en besogne.
10) La seule voiture qui nous (convenir), (devoir) être décapotable.
11) Toi, tu (faire) tourner les tables ! Je ne t'(avoir pas) cru adepte du spiritisme.
12) Il y (avoir) eu plus de trois cents morts sur les routes lors des fêtes pascales. Ce (être) une hécatombe.
13) Il y a bien longtemps que je n'ai reçu de vos nouvelles. Ne vous (être)-il pas arrivé quelque chose de fâcheux ?

14) (Etre) ce Dieu le Père, je lui (dire) quand même ses quatre vérités. (l. parlé).

15) On dit qu'il (mentir) sans vergogne.

II — Même travail :

1) Au cas où vous (ne pas le savoir), c'est ma femme qui porte le pantalon. (fam.).

2) Ne croyez-vous pas qu'il (être temps) de passer à des choses plus sérieuses ?

3) On (dire) que le temps va changer.

4) Un camion (s'être renversé). La circulation (être coupée) sur la Nationale 7. Une déviation (être prévue) par la départementale 81.

5) Vous savez bien que, s'il ne tenait qu'à moi, je (passer) ma vie avec vous !

6) Soyez certain que je (faire l'impossible) pour vous rendre service si l'occasion m'en était donnée.

7) Je vous ai dit que je (vouloir) savoir l'heure, mais vous vous doutez bien qu'il s'agissait d'une entrée en matière.

8) Vous vous figurez que j'(aller) perdre mon temps à lire ce canard ! (fam.).

9) Quand bien même son auditoire (être) hostile, le conférencier (faire) bonne contenance.

10) Il répétait toujours : "Je savais bien que mon fils (venir) !"

11) Je (boire) bien une tasse de thé. Vous (ne pas avoir) quelques biscuits pour l'accompagner ?

12) (Etre)-il pauvre comme Job, il continuerait à jeter de la poudre aux yeux de ses voisins. (l. parlé).

III — Travail écrit :

1) Pensez-vous que la télévision remplacera un jour complètement le cinéma ?

2) Aimez-vous chanter ? Quel genre de chansons ? Pensez-vous qu'elles reflètent l'âme d'un pays ?

LES NIVEAUX DE LANGAGE

— Le français dispose, pour formuler une même idée de diverses possibilités d'expression syntaxique et lexicale.

Exemple :

MANGER
- "Je me restaure" (prétentieux)
- "Je mange" (courant)
- "Je casse la graine"
- "Je bouffe" (grossier) } familiers
- "Je casse la croûte"
- "Je boulotte" (argot)

— Ces niveaux de langue correspondent à des situations bien différentes qu'il est essentiel de distinguer afin de n'employer chacune de ces tournures qu'à bon escient.

— Il est déconseillé d'user des mêmes expressions dans le langage écrit ou dans la conversation : des structures de la langue classique paraîtront "précieuses" ou sophistiquées dans le français parlé, tandis que des tournures familières sembleront déplacées ou même grossières dans un français plus soutenu.

I — DIFFERENCES GRAMMATICALES

1) Temps et modes :

1) Le passé-simple tend à disparaître dans le langage parlé où il est remplacé par le passé-composé.
2) Le passé-antérieur est rarement utilisé dans la conversation.
3) Le passé-surcomposé est employé dans le langage familier et même vulgaire. Il remplace le passé-antérieur.
4) Le subjonctif n'apparaît oralement qu'au présent et au passé. L'imparfait et le plus-que-parfait relèvent du langage littéraire. Il en va de même pour le conditionnel passé 2e forme.

2) Tournures :

— Les tournures interrogatives et négatives sont altérées.

> Ex : "Je ne sais pas" devient "Je sais pas" ou "J'sais pas".
> "Où habitez-vous ?" devient "Vous habitez où ?".
> "Ce n'est pas vrai" devient "C'est pas vrai".

— Le "ne" explétif est souvent "avalé" par la langue parlée, les pronoms personnels déformés.

II — DIFFERENCES LEXICALES

C'est dans ce domaine que nous trouvons le plus de complexités. A cet égard la langue française offre de grandes richesses dans le choix des nuances proposées.

Exemple :

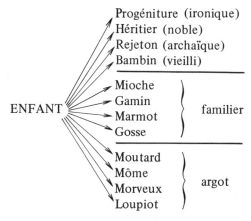

EXERCICES

I — Expliquez les expressions suivantes :

> (style parlé très familier):
> Trouver les correspondances en style littéraire classique)

1) Ah bien alors ! Les bras m'en tombent !
2) Tu te fais toujours de la bile (du mouron).
3) J'en ai marre.
4) C'est marrant.
5) J'en ai ras le bol.
6) Grouille-toi.
7) Tu charries (tu déménages) !
8) Il est complètement dingue, (marteau), (timbré), (piqué) !
9) Débrouille-toi !

10) Qu'est-ce qu'il est casse-pied !
11) Je suis fauché.
12) Il gagne un fric fou.
13) Il a de la galette.
14) On met les voiles ? (On se tire ?)
15) Qu'est-ce que tu reluques ? (Tu lorgnes) ?
16) Je vais descendre ; histoire de me dérouiller les jambes.
17) Il a un poil dans la main.
18) Ce n'est pas piqué des vers.
19) C'est le bouquet !
20) Je lui tire mon chapeau (Chapeau !)
21) T'es bien avancé maintenant !
22) Il m'a tiré les vers du nez.
23) S'il faut prendre des gants pour te parler, maintenant !
24) Fais gaffe !
25) Ton boulot, qu'est-ce que ça donne ?
26) Il a une bonne bouille !
27) Quelle drôle de bobine !
28) Tu as du toupet (du culot) !
29) Qu'est-ce qu'elle est mal fringuée (nippée), (fagotée) !
30) Qu'est-ce qu'il est sapé !
31) Elle a été douchée.
32) Tu t'es flanqué par terre (cassé la figure)
33) Il m'en a écrit toute une tartine.
34) Je me tâte.
35) Quel boucan ! (Quel raffut !)
36) Quel navet, ce film !
37) Kif-kif.
38) Le v'la qui s'amène.
39) Il est en rogne (maronner) — (ronchonner) — (râler).
40) Elle a une flopée de gosses (moutards).
41) Tu tombes pile.
42) Tu me fais la bise ?
43) Qu'est-ce qui te prend ?
44) J'en ai mis un coup.
45) Elle se tient à carreau.
46) C'est une tuile !
47) Je vais lui passer un savon.
48) Laisse tomber !
49) C'est louche.
50) Je suis sur les dents.

II — **Voici des phrases en argot.**

Transposez les en style plus soutenu:

1) En se balladant, il lui faisait un baratin du tonnerre. Mais elle l'a trouvé barbant. Pourtant c'est un type bien, bien baraqué. Elle, de son côté, elle est bien balancée, drôlement sympa.

2) Au bistrot, y avait un boucan terrible. Ils sont allés bouffer dans un boui-boui dégueulasse, mais ils n'avaient pas beaucoup de fric, ils étaient fauchés ; la boustifaille était infecte. Heureusement que l'patron avait une bonne bouille, mais il faisait son boulot sans s'grouiller.

3) J'en ai marre d'cette gargotte minable. On nous sert que des patates. On picole un pinard qui est une vraie piquette ; la tambouille est ignoble. Même la flotte pue la javel !

4) "Tu me casses les pieds", lui disait son frangin. "J'en ai plein le dos".

5) On l'a passé à tabac pour savoir où il avait planqué le pognon.

6) Il s'était fait piquer un bouquin rudement rasoir. Pourtant elle s'était bidonnée parce qu'elle l'avait trouvé marrant, mais il devait être de mauvais poil et il n'avait rien pigé.

7) C'est un turbin vachement peinard.

8) C'est un brave mec qui lui avait refilé un tuyau.

9) C'est pas de pot ! (pas de veine).

10) Manque de bol !

11) Il était en rogne d'avoir loupé son exam. On ne peut pas être toujours veinard, surtout quand on est cossard.

12) Son affaire a foiré. Il n'avait pas fait gaffe et il faisait trop la foire.

13) Il s'est cassé la gueule et il a bousillé sa bagnole.

14) "Vingt-deux" — Fais gaffe au flic : c'est un cinglé et il te fiche une trempe si tu as l'air de rigoler.

15) C'est un toubib au poil. Tu ne payes pas un rond. Il est vachement dans l'coup.

16) T'as vu dans l'canard ? Ils font toute une tartine pour un clebs écrasé. Quelle salade pour un cabot !

17) Quelle poisse ! J'ai oublié le nom de c'bidule ! (ce truc) — (ce machin)

18) Il a rappliqué pour boire un canon sur le zinc. On lui a servi un demi - panaché.

19) Depuis qu'il est en taule, il se la coule douce. Plus besoin de gamberger, ni d'arriver à huit heures pile au boulot. C'est un flemmard, un cossard. Il a dégoté la bonne planque.

20) Sa copine est vachement chouette. Lui est un chic type mais un peu casse-cou.

21) Son père a cassé sa pipe. Tout le pèze est à lui, au moins trois cents briques.

22) Elle m'a posé un lapin et j'ai poireauté une heure.

23) Passe-moi cent balles ou dix sacs.

24) Et le môme, tire-toi ou tu reçois une baffe.

25) Tu vas la fermer ?

26) Tu l'as engueulé parce que ses tiffes et ses godasses étaient cradots. Depuis il s'est fringué.

27) A la télé, y a un film qui ne casse rien. C'est un vrai navet. Je préfère bouquiner ou piquer un roupillon, que de cavaler !

28) Qu'est-ce que tu fabriques dans ta piaule ?

29) Chapeau pour ton laïus !
30) T'as pas fait de gaffe ? (faire gaffe)
31) Zut ! Il flotte !
32) La mère Machin m'a refilé son pépin.
33) C'est casse-gueule de monter un canasson.
34) Tu vas te faire descendre par tous ces salopards.
    Je t'ai averti qu'ils étaient moches.
35) Ça gaze ?
36) J'ai fauché des clopes à mon vieux.
37) Tu as fini de te bagarrer avec ton pote ?
38) Tu en fais une drôle de tronche ! Ça va pas ?

III — Travail écrit :

1) Imaginez un dialogue entre deux étudiants attendant leur tour au restaurant universitaire.
2) Une bande de voyous préparent l'attaque d'une bijouterie. Imaginez leurs propos.
3) Conversation téléphonique : deux jeunes gens confrontent leurs opinions politiques.

IMPRIMERIE LOUIS-JEAN
Publications scientifiques et littéraires
TYPO - OFFSET
05002 GAP - Téléphone 51-35-23 +
Dépôt légal 22-1976